प्रभात

जीवन एक कविता है,
और भावनाएं इसके शब्द हैं।

कर्नल प्रभात कुमार

(सेवानिवृत्त)

Endeavour by
House of Pragya

First Published in Bharat 2026

Printed in Bharat

लेखक
.. की कलम से

कर्नल प्रभात कुमार (सेवानिवृत्त)

यह संग्रह किसी योजना का परिणाम नहीं है। यह तो उस मन की उपज है जो चुप नहीं रह सका, जो हर घटना, हर चेहरे, हर ख़बर और हर खामोशी से कुछ-न-कुछ सोचता रहा, महसूस करता रहा। जब भीतर का बोझ शब्दों में ढला, तो यह कविताएँ सामने आईं।
एक लेखक का मन किसी भी घड़ी विश्राम में नहीं होता। वह बाज़ार में खड़ा है, पर सोच रहा है सत्ता की विडंबना पर। वह किसी की हँसी देख रहा है, पर भीतर कहीं एक दर्द का धागा खिंच रहा है। वह अख़बार पढ़ रहा है, पर उसके पीछे के सच को भी देख रहा है। यही बेचैनी इस संग्रह की जड़ है।

इन कविताओं में आपको एक ही लेखक के अनेक रूप मिलेंगे। कभी वह एक जागरूक नागरिक है, जो नौकरशाही की लीला पर व्यंग्य कसता है और लोकतंत्र से सवाल पूछता है। कभी वह एक संवेदनशील मनुष्य है, जो महामारी की तबाही में भी उन छोटी-छोटी ख़ुशियों को याद करता है जो खो गईं। कभी वह एक सैनिक की आन-बान-शान का गुणगान करता है, तो कभी एक साधारण इंसान की तरह आईने के सामने खड़ा होकर खुद से ही सवाल करता है।
यह विविधता जानबूझकर नहीं है, यह स्वाभाविक है। जीवन एकरंगी नहीं होता, तो कविता एकरंगी क्यों हो? एक ही मन से कभी व्यंग्य निकलता है,

कभी करुणा, कभी क्रोध, कभी उत्सव। इस संग्रह में वे सब भाव एक साथ हैं।

मैं समाज को देखता हूँ। ईवीएम पर उठते सवाल हों, पेंशनभोगी की उपेक्षा हो, बेटी की असुरक्षा हो, या मीडिया का पतन, ये सब मेरे मन को कचोटते हैं। कविता उस कचोट का स्वाभाविक निष्कर्ष है।
उसी तरह, जब कोई रिश्ता मन को छूता है, जब कोई खामोशी बहुत कुछ कह जाती है, जब उम्र का एक पड़ाव पीछे मुड़कर देखने पर मजबूर करता है तो वे क्षण भी कविता बन जाते हैं। भावना और विचार, दोनों मिलकर इस संग्रह को रचते हैं।

> "
> **प्रतिघात कर अहंकार की हर दीवार पर,**
>
> **उठा "हम" का झंडा- खदेड़ दे! पापी अहंकार को।** "
>
> \- **प्रभात**

अनुक्रमणिका

ख़्वाबों की पोटली

संघर्षित मन, कुछ विचलित पड़ा,

समय-समय ऊधेरबुन में रहता पड़ा,

अंतर्मन को निरंतर खंगोलता,

फिर, जाने किस सोच में विलीन हो जाता।

उसकी बेचैनी कुछ रास न आती,

सीमा जाने की ,अतुर्ता से की तैयारी,

समझ न आता, घर के कोने कोने फिरता,

फिर क्यों, उसकी भीनी मुस्कान भी भाती।

बाप ठहरा! आखिर ! उसकी बेचैनी क्यों न सताती,

तभी चला पता,लक्ष्य और गंतव्य की है खिचातानी,

अंतर्द्वंद में घिरा लथपथ ,सुलझाऊँ कैसे उलझे पथ,

जो भी करेगा वो, दुनिया मुझे भी आँकेंगी अवश्य।

बेटा! बेधरक खोल ख़्वाबों की पोटली,
सुरीले सपनों की सूची बिखेर , संवारले हुनर अपनी,
जीत का कर आलिंगन ,दे पराजय हार को,
सफलता भी सच्ची नहीं, जबतक हार मिलती नहीं।

कर इकट्ठा छोटे छोटे धागों को,
ख़्वाबों को पिरो इन धागों से,
बुन दे सुंदर आकर्षित चदरिया,
मंत्रमुग्ध कर ,गुणगान करे आमरण।

भावी के सिर्फ तुम्ही रचेता ,
कायम रखना हौसला कठिन वक्त में,
हरेक बेज़ुबान निगाहें,रखेंगी सिर्फ तुझ पर नजर ,
बुलंदियाँ, जरुर आज़मायेंगी तुम्हारी हिम्मतें,
पर बुझा न सकेंगी,तुम्हारी अंतरज्योति ज्वाला।

सूरज से बादल छँटेंगी अवश्य,

ख़्वाबों से न करना कभी समझौता ,

किस्मत कहाँ साथ !अगर निर्भर बैठ उसी पर,

पर! रहेगा सतत मेहनत का ही बोलबाला।

विरासत में मिली,सिर्फ अमूल्य पहचान,

और ! दे भी सकता क्या ,उसके सिवा,

पर ! तुम हो न अकेला इस जंग में,

साया बन फिरता रहूँगा, कर ले आज़माइश कभी।

प्रस्तुति:-
प्रभात

Note- This is the poem dedicated to my son on first posting.

हाथों की लकीरें

हाथों की लकीरें,कुछ टेढ़ीमेढ़ी,
बेज़ुबान, शिथिल,पर स्वाभिमानी,
भिविश्यबानी से न कतराती,
समय समय पर ज़रूर इठलाती।

जन्म समय न रूप दिखाती,
धीरे धीरे खुद को निखारती,
भावनाओं से परिपक्च होकर,
खुद को बेज़ुबान कर जाती।

मोटी, टेढ़ी, पतली रेखाएँ,

मूक रह भी, सारे खोले भेद,

क्या राजा,क्या रंक सभी को,

मार्गदर्शक बन करती प्रेरित।

प्रस्तुतिः-
प्रभात

निर्भया !तुम फिर आ गयी!

वाह! रे !वाह ! निर्भया तुम फिर आ गयी,
अन्दाज़ था ,तुम यहीं कहीं हो,
बेसब्री से था इंतज़ार, प्रत्यक्ष रूप से मिलने का,
पर बिलकुल दिखती नहीं,ख़ैरियत तो है?

कैसी! किसकी ख़ैरियत!फिर बहन का आया बुलावा,
दरिंदों ने फिर बहन की नोची आबरू,भरे बाज़ार में,
चीख सुन,सहन न कर,दौड़ी सब छोड़ छाड़ कर,
मृत्युशया पर पड़ी,बहन को फिर सम्भालने

और कर भी क्या कर सकती?
है ! हैवानियत,हावी इन्सानियत पर,
चलचित्र यों,कब तक,दुहरायेंगी,
कब तक लहूलुहान निर्भया ,यों ही तड़पती रहेगी।

वही,माँ,बहनों का विलखना, चीखना और चिल्लाना,
सरसराती गाड़ियाँ ,नेताओं के पश्चाताप का ढिंढोरा बरसना,
लुभावने आश्वासनों के पुलिंदे, अरमानों पर घात लगाए ,
नयनों से छलकते अश्रु,भूल बैठी,एक और निर्भया।

लपटें उठेंगी,क़ानूनी जंग में,
बँटेगी लाशें जाति और धर्म में,
राजनीति होंगी, मौक़े से लाभ खुद की उठाने ,
सिसकतीं,चिल्लाती,निर्भया ! तड़पतीं रहेंगीं यों ही सड़कों पर ,
धराशायी हुई आबरू बचाते,इन्साफ़ की गुहार में,

नयी चीखें,नयी किरदार,फिर नया तमाशा,
चुनावी अखाड़ों में भीड़ लगी,पाँव पसारे जुमले,
न्याय मौन रह,नपुंसकता की आरोप संजोगे,
लाचार संविधान,इन चीख़ों से लेगा मुँह मोड़,
टूटेंगीं औरतों की अरमानें ,पकेंगी नेताओं की रोटी ,
कराहती मानवता,बिलखती टूट रह जायेगी,एक और निर्भया।

'बेटी बचाओ, बेटी पढ़ाओ',फिर गूंजेगा,
'नारी शक्ति'की,फिर से टूटेंगी रीढ़,
मानवता फिर शर्मनाक,तमाचा पड़ी नारी स्वाभिमान पर।
भूखी मीडिया,लूटेंगी फिर खूब टी आर पी,

बलात्कार ही बलात्कार ,बदलता रहेगा सिर्फ़ मुजरिम ,
दबती रहेंगी लाखों बेगुनाह साँसें यों ही ,
मोमबती जलाकर,फिर निकल पड़ेंगी सड़कों पर,

अनगिनत दिव्या,निर्भया,यों कराहती मृत्यु शैय्या पर।

पहले 'बेटी बचाओ',फिर तो 'बेटी पढ़ाओ'।
भड़क,भवक,उठ!अबला न बन,तू निर्भया!
प्रचण्ड देवी रूप धारण,तू न कर इंसाफ़ का इंतज़ार,
तादाद उनकी हज़ारों में,हम भी तो ठहरे करोड़ों में,
फिर!असमंजस क्यों? दे पापियों को शमशान।

देश को बेटियाँ,देने से भी घबराएँगे,भगवान!
देश को बेटियाँ,देने से भी घबराएँगे ,भगवान!

प्रस्तुति:-
प्रभात

नोट- दिनों दिन बढ़ती हुई महिला अत्याचा [illegible] स्त समाज की जागरूकता को प्रेरित करने की अभिलाषा!

सैनिक की पुकार

लहू बहाकर सीमाओं पर,

अमन चैन का फूल खिलाया,

अपने प्राणों की आहुति देकर,

भारत माँ का मान बढ़ाया,

गूँज उठी जय-जयकार का नारा,

पता नहीं अब क्यों रूठे सारे,

शायद समझ नहीं आती,

देशभक्ति की परिभाषा।

क्यों लुप्त हुआ सारा देश प्रेम,

पत्थरबाजों ने लूटी सारी वाहवाही,

भारत माता कहने से भी कतराते,

तिरंगे का जो सम्मान न कर पाते,

क्या अधिकार वो यहाँ रहने को पाते!

लहूलुहान हुई संविधान

धूमिल हुई सारी अभिलाषाएँ,

आतंकियों का बढ़ाया सम्मान,

दफनाये देश भक्ति चंद मतलबियों ने,

मूक बनी रह गयी सेना, कानून के कटघरे में,

ध्वस्त तो कर सकता मिनटों में,

पर लिहाज कर बैठता, उनकी नादानी को।

उम्मीद में बैठा रक्षियों की,

पर पहना दी हथकड़ियाँ,

पता नहीं था अर्जित करूँगा,

इस तरह आत्मसमर्पण की उपलब्धियाँ,

उम्मीदें तो थी सिर्फ दुश्मनों से,

पर अपनों ने ही पहनाई बेड़ियाँ,

छूटा तो लिया कारागार से,

पर सिमट कर रह गयी दर्दनाक यादें,

आह भरे! सेना ने दी सांत्वना,

खड़ा कौन था, उसकी व्यथा सुनने को,

खामोश वह दहलीज पर था मजबूर,

करता रहा कुर्बानियों का बखान,

एक टक देखती रह गयी बेदर्द निगाहें,

सहानुभूति बटोरते रही उसकी परछाइयाँ

TV चैनलों की मुख्य विषय बनी,

अत्यंत रोमांचकारी और सनसनी कहानी,

खूब TRP बढ़ी चैनलों ने,

अलग-अलग विवादित ध्वनी बिखेरती,

रौंदती चली गयी सेना के अरमानों को,

पक्ष विपक्ष ने ताने, अपने-अपने राग,

प्रोत्साहन विपक्ष को दिया ही क्यों

समझ नहीं आता, ये क्यों करते,

सेना के मनोबल से खिलवाड़,

इतना ही आक्रोश यदि

तो बरसते क्यों नहीं सीमा पार।

घृणाओं की दीवार गिरा दे,

सहअस्तित्व को कमजोर ना समझ,

समझ कहीं तुमने, प्रत्याक्रमण रूप को,

मनोबल पर प्रहार न कर कभी,

विनाश हो जायेगा प्रतिघात से हमारे,

मजबूर कर भाग दूँगा वहीं,

जिनके इशारों पर नाच रहा सदा।

कपड़ों की अलमारी

ती हर रोज, निहारता शौक़ से,

पर,वर्दी के सिवा, निकलती भी क्या,

निराश हो,दूब्कर बैठ जाती कोने में,

वक्त की गर्द से हो चुके मैले,

नए नए की ढेर में, दब गये पुराने,

उम्मीदें लिये,शायद मौका मिलेगा मुझे।

Barmuda,T-shirt की खुली lottery,

night suit ने भी,खूब मचायी धूम,

चैन से रह कहाँ पाता,हैंगर पर टंगा,

लाल, पीला, नीला,मनमोहक पोशाकें,

साँस न ले पाती,अलमारी पल्लों के दरारों से,

कोसता रहता,lockdown को ही सदा।

कोने में दबी दबी पुरानी हुई बदरंग,

तहें खोली, पलटी परतें,दिखाई धूप,

लाख कोशिश,पर रंग रहा फीका,

जिन ख्वाहिशों को खूब पहन पहन घूमें,

अब वो उधर सी गयी, लगी फटने।

ख़याल आया, ख़ाली समय है बहुत,

क्यों ना,कुछ कपड़ों का लगा दूँ हिसाब,

बहुत समय से जिसे ना पहना,

अब शायद,ज़रूरत न ठहरी उसकी,

असमंजस में शुरू किया निकालना।

वैसे तो,निभाई,ना जाने कितनी जिम्मेंवरियाँ,

लौटीं यादों की फुहारें,और ख़ुशियों की बहारें,

पर,दिल किया कठोर,फ़ैसला लिया कठिन,

निकाला ढेर सारा, जिसका अब न कोई गुज़ारा,

मुँह लटकाकर, फूट फूट कर रो पड़ी,

विनम्र आवेदन,कुछ और पल साथ बिताने की।

आँख मिचोलियाँ करती गिरी कुछ tie,

Scarf ने भी कुछ मन में ठान ली,

दोनों ही करने लगे,शर्टों की सिफ़ारिश,

ताल मेल,जायेगा बिखर इनके बिना,

रख दिया, धीरे से,कुछ को वापस अलमारी में,

साँस में साँस मिलाई,बिछड़े बंधुओं से,

कोशिश की भरपूर पर, राज रही छिपाये,

यादों को संजोये,फिर क़ैद हुई अलमारी में,

लाचार हो, फिर सजाया हरेक अलमारी में।

प्रस्तुति:- प्रभात

Note- We are very possessive about our dresses. Protracted attachments with dresses,dissuade us from parting away,even if,it has outlived its life.

सब्र करो! फिर, वो दिन लौटेंगे!

उम्मीदों के रोशनदान रखना खुले
लड़ाई ये,धीरज और प्रेम की,
सबक ले, ये लड़ाई क़तई,नहीं बन्दूकों की,
जीत है सिर्फ, जिगर और करुणा की,
सब्र करो!फिर,वो दिन लौटेंगे।

बंगाल के अकाल, भुज के भूकंप,सुनामी,
प्राकृतिक बहुतों आपदा झेला हिंदुस्तान,
करोना की क्या मजाल जो,
ललकारे,हमारे प्रबल मनोबल को।
सब्र करो!फिर,वो दिन लौटेंगे।

मंदिरों ,गिरजा घरों,की घंटियाँ फिर गुंजेगी,
अजान के स्वर और अरदास गुरुद्वारे की,

दफ़्तर की थकान हारेंगी,मिलेंगे जब पुराने दोस्त,

सुबह हाथ में चाय,दूसरे में होंगे अख़बार,

सब्र करो!फिर,वो दिन लौटेंगे।

प्रेमी हाथ पकड़,पार्क में मनाती रंगरेलियाँ,

गोलगप्पे खाती,मुफ़्त में पानी माँगती लड़कियाँ,

सड़कों पर,लकड़ी डंडी से टायर दौड़ाते बच्चे,

प्लास्टिक कुर्सी सड़क पे,लगेंगे बुजुर्गों के ठहाके,

सब्र! करो फिर, वो दिन लौटेंगे।

कीर्तन करती,औरतों की शोर गूंजेंगी,

सब्जीवाले से मोलभाव,मुफ़्त माँगती धानियाँ,

चाट वाले से,फोकट में माँगती चटनी,

मूँगफली ठेले से,मुफ़्त में,चखती मूँगफलियाँ,

बाज़ारों में फिर से,लायेंगी रौनक ये औरतें,

सब्र! करो फिर,वो दिन लौटेंगे।

ज़िंदगी फिर दौड़ेगी तेज रफ़्तार से,

शहरों में बढ़ चलेगी रेलम रेला,

चाय की दुकान पर फिर जमेगी चौकरी,

वक़्त लगता है दुवाओं के असर में,

कोलाहल ज़िंदगी कुछ थम सी गयी,

पर,फिर चल बसेंगी ख़ुशहाली,

सब्र!करो, फिर वो दिन लौटेंगे।

प्रस्तुति:-
प्रभात

Note: People were frustrated by lockdown during COVID. To keep the hopes alive, dedicated this poem.

खामोशी

खामोशी की तहों में,

ख़्यालों के बसेरे,

पल पल साया बन उभरे,

सोचकर भावुक हो उठता वो,

आख़िर!कब तक क़ैद रहूँ इस तरह।

खामोशी,आशाओं की लड़ी लगाये,

दहलीज़ पर घूँघट डाले,

निशब्द हिचकियाँ लेती समय समय पर,

बेक़रार रहतीं बातें करने को,

पर भला !बात कौन करता उससे।

वापस फिर लौट जाती दहलीज़ के पीछे,

खामोशी है,बड़ी ही सयानी,

मचल उठती हमारे ध्यान से,

छिपा लेती कई रिश्तों की आबरू,

लबों तक लाकर भी ,पनाह देती अपनी तहों में,

है ,बड़ी शांत और भावुक,

निश्छलता और पवित्रता की चादर ओढ़े,

सिसकती रहती जोर जोर से

दिल की अरमानें दफ़नाई तहों में ,

बेज़ुबान पर,अंदर ही अंदर चिल्लाती बहुत,

छुपा लेती,उलझनों को अपने पंख तले।

कभी कभी खामोशी भी जाती रूठ ,

जब कभी निरादर हो,उसका स्वाभिमान,

फिर,भड़कती ज्वालामुखी की तरह,

विनाशकारी बन जाती, सुनामी की तरह,

मुश्किल में पड़ जाता ,फिर इंशान,

मत भूल कर बैठना,उसकी कमजोरी समझ,

यह तो उसकी बड़प्पन, जो बाधा न करें कोई।

अब सुलह कर लिया इन सन्नाटों से,

अल्फ़ाज़ों को छिपा दिया हिफ़ाज़त से, क्योंकि,

लापरवाह है!कभी भी खो बैठती नाज़ुक रिश्ते ,

इतना गुम सुम हो बैठती इस तरह,

परछाइयाँ भी,पहचान से करती इनकार,

घुटन और बेचैनी से कराहती रहती,

पर,आलिंगन कर हृदय से इसे,

जीने का नया वसूल अपना ही लिया।

प्रस्तुतिः-
प्रभात

रिश्ते का lockdown

वाह! कुछ अजीबोग़रीब सा मौसम आया,

ज़रूरत थी घर में lockdown की,

कर गए बखूबी रिश्तों का lockdown,

मिला सहारा social distancing का,

मानो, मिला हो licence,रिश्ते त्यागने का।

झंझट की तरह पनपने लगे रिश्ते,

मानते इसे महज़ एक ज़ंजीर की कड़ी,

जो था समाज की मज़बूती की आधारशिला,

वर्षों छाया देती विशाल बरगद ,खाने लगे घुन अंदर से,

रिश्ते दृष्टिहीन,अपंग और लाचार बन लगे भटकने।

पता नहीं!खून के रिश्ते क्यों हो बैठे अनजान,
ना जाने!क्यों हम हो गये इतने पराए ,
इंसान के खो जाने पर भी रिश्ते जिया करते,
पर,आजकल रिश्तेदारों को flight mode में डाल,
मजबूरी और विवसता का आधार लिये फिरते रिश्ते।

अचानक पीछे मुड़कर देखा तो,
रही थी,मुस्कुरा सुनहरी यादों के लम्हें,
परछाइयों की तहों में लिपट कर कराहती,
सिमट आयी थी,चार दिवारी में रिश्ते,
फ़ुरसत सबको,पर मुलाक़ात है कहाँ किसी से।

सुराख़ हुआ क्या जेब में,
कमबख़्त, पैसों के साथ रिश्ते भी बेधड़क गिरे,
घायल रिश्ते जलते मिले चौराहों पर,
सामने जो मेरे थे अपने,
पीठ पीछे बिकते मिले।

क्यों कर बैठते बग़ावत रिश्तों से,

अनमोल है, टूटकर बिखरने से पहले,

निभा लो, दूर रह कर भी,

ग़लतियों का कहाँ,कोई क़सूर,

ये कमजोर होती,सिर्फ गलतफहमियाँ से,

पर,खटखटाते रहिये दरवाज़े को,

मुलाक़ात ना सही, पर आहट तो आनी ही चाहिये,

परिन्दों की तो मासूमियत, वरना जाता कौन दूसरों के घर,

Stand by mode में तो खुद ही off हो जाती रिश्ते।

भले अपमानित हों, रिश्तों को न कुचलिये,

उम्र गुज़र जाती,रिश्तों का मतलब समझने में,

पर,लोग व्यस्त रह जाते,मतलब के रिश्ते खोजने में,

किस्तों में ना चुकाइए रिश्तों को,

मतभेदों को दूर भगा,

नज़दीकी से लिपट जायें रिश्तों से।

अमूल्य सम्पत्ति और कोमल हैं ये रिश्ते,

मुरझा जाते,समय पर वंचित नीर से,

Ventilator पर ना रखिए रिश्तों को,

कृत्रिम oxygen की औक़ाद ही क्या,

जीवित रख सके रिश्तों को।

पहले लोग भावुक थे, रिश्ते निभाते,

फिर,हुए practical,

रिश्तों से उठाते फ़ायदा,

अब हुए professional, फ़ायदा उठाया जा सके,

ऐसे रिश्ते बनाते फिरते।

न रिश्तों की क़दर, न उम्र का लिहाज़,

ये आख़िर कैसी तरक़्क़ी है ???

ये आख़िर कैसी तरक़्क़ी है ???

प्रस्तुति:- प्रभात

आख़िर! ऐसी क्यों ज़रूरत पड़ी तुम्हें।

अपना बसा बसाया घर था,
ख़ुशहाली और इज्जत की थी बरसात,
भूल गये, आगे देखा न पीछे,
होड़ लगा दी पार्टी परिवर्तन की,
आख़िर!ऐसी क्यों ज़रूरत पड़ी तुम्हें।

अंगुलियों पर हमने कालिख लगा जिताया,
फूलों के हार से किया सुसज्जित,
अच्छा सुंदर हंसमुख चेहरा तुम्हारा,
फिर, मुँह पर कालिख लगवाने की,
आख़िर!ऐसी क्यों ज़रूरत पड़ी तुम्हें!

सजा आलीशान घर,उपवन तुम्हारा,

विदेशी चमकती luxury गाड़ियाँ भी,

क़ैद हो,Volvo AC बसों में,Resort जाने की,

आख़िर!ऐसी क्यों ज़रूरत पड़ी तुम्हें।

अच्छी ख़ासी सम्पत्ति का ब्योरा दिया,

Election Commission भी हुआ संतुष्ट,

काफ़ी था,जीवन यापन के लिये,

भेड़ बकरियों की तरह बाज़ार बिकने की,

आख़िर! ऐसी क्यों ज़रूरत पड़ी तुम्हें।

लम्बे लम्बे भाषणों से किया प्रेरित,

विचारों को Manifesto में परिवर्तित,

आदर्शों को आलिंगन,समर्पित वोटरों को,

विचारवान,संस्कारी तुम,बने विवेकहीन क्यों,

सदविचार त्यागे,Constituency के प्रांगण में,

आख़िर! ऐसी क्यों ज़रूरत पड़ी तुम्हें।

सफ़ेद खादी कपड़ों का पहनावा डाल,

पर,झरोखों से सत्ता और कुर्सी की बू,

तरकश में सम्भाले खूनी दांव,

झूठ को सच, सच की सम्मानित हत्या,

तराज़ू पर पैसे का पलड़ा भारी पड़ा,

बेच ली,मर्यादा,चन्द लुटेरों के हाथों,

आख़िर!ऐसी क्यों ज़रूरत पड़ी तुम्हें।

शर्मिंदा हुए हम,घायल हुई उम्मीदें,

गलियाँ सारी मुँहफेर,किया किनारा,

विश्वास मुँहबल गिर,हुआ लहूलुहान,

वादों को कर अपमानित बग़ावत किया इतिहास

Note: Changing behaviour of the politicians compelled the author to pen down. Their changing behavior and attitude is very disturbing.

ग़मों का सौदागर

दरवाज़े पर मिली दस्तक,

देखते ही,रह गया चकित,

खड़ा था, पुराना मित्र अज़ीज़,

तपतपाती धूप में किधर भटक रहे,

अंदर आओ, ठंडी हवा में जाओ बैठ।

बहुत दिनों बाद मिले हो,ख़ैरियत तो है,

आख़िर! कर क्या रहे हो, पूछ ही डाला,

कुछ असमंजस में बोल पड़ा,

ग़मों की ख़रीदारी में व्यस्त पड़ा,

समय कहाँ, इधर उधर जाऊँ,

ग़मों का व्यापारी हूँ,

ज़्यादा से ज़्यादा माल चाहता उठाना।

पहले थी काफ़ी मन्दी,करोना आने से,

आयी ज़बरदस्त,व्यापार में उछाल,

थोक भाव में,ख़रीदता ग़मों को,

मौका जिसे मिलता,वही बेच जाता,

बिना रोक टोक घूमता फिरता।

इस नये business से हुआ अचंभित,

बोल पड़ा,आख़िर बदले में क्या देते,

मुस्कुराहट और ख़ुशहाली का पैग़ाम,

और है भी उससे ज़्यादा,क्या मेरे पास,

अब नया scheme भी किया launch,

Buy One get Two free,

यानी, एक ग़म के बदले,दो ख़ुशहाली के पैग़ाम,

बेचने वालों में मच गयी अफ़रातफ़री,

समय कहाँ,जो सबके पास पहुँच पाऊँ।

काम वाक़ई कठिन, पर profit क्या ?

कवारी भाव ख़रीद, जौहरी के भाव देता,

शुभकामनाएँ और खिलता चेहरा हूँ देता,

नयी ऊर्जा दे,दुर्लभ मित्र की उपाधि बटोरता।

फिर,वही सौदागर बन घूमता फिरता,

ग़मों को त्रस्त दूर समंदर में फेंकता,

सौग़ातों भरी बोरी,मित्रों को छोड़ जाता।

ख़ुशहाली दौर जाती,मित्रों के घर प्रांगण में,

मस्त मगन,ग़मों को फिर गलियों में खोजता,

लुढ़कते लुढ़कते वो मेरे क़ाबू में आ ही जाते,

बोरी भर फिर ले जाता, दे मित्रों को दिलशा।

तभी मैं,ग़मों का सौदागर कहलाता,

सुख समृद्धि बाँटता फिरता,

तारीफ़ों की होड़ लग जाता,

पर,मददगारों की है अभी बहुत कमी,

Profit बढ़ेगी,तो कुछ और रख लूँगा,

फ़िलहाल, इसी तरह मेहनत करूँगा।

आशाओं के उपवन में चार चाँद लगा दूँगा।

आशाओं के उपवन में चार चाँद लगा दूँगा।

प्रस्तुति:-
प्रभात

पेन्शन बिल बढ़ रहा

हाय रे हाय! हाय रे हाय!

तबाही मची,सत्तों के गलियारों में,

आँधी तूफ़ान से ज़्यादा विनाशकारी बनी,

क़द से ऊँचा हो चला,चन्द कुछ सालों में,

परेशान वो ज़्यादा जो खुद पेन्शन की कगार पर,

बढ़ती बिल की बिलकुल फ़िक्र नहीं अब,

जबसे खुद को बने वो पेन्शनधारी,

अनेकों सवाल उठे जीवन आयु पर,

दीर्घायु ने किया सबको हैरान,

रखा था,जीवन आयु का आँकरा 60 वर्ष,

पर,खींच गयी वो वर्ष 75,

उत्पात मचा दी,बढ़ी आयु पेन्शन खाते में,

स्वर्गवासी का जो थे,पथ निहारे,

होड़ लगा दी,जीवन प्रमाण देने बैंक को,
घर वापस,निश्चिंत से पेन्शन मिले बटोरते।

बाई बाई tension,करो हेलो पेन्शन,
पुरानी मित्रता की तरह,मरने बाद भी चलती,
बुढ़ापे में आत्मरक्षा की सक्षम हथियार,
खून पसीने,सदाचार से सिंचित पेन्शन,
अधिकारों से निर्मित,स्वाभिमान से अर्जित,
फिर क्यों ! नज़र लगाते छोटी सी पेन्शन पर।

सामाजिक सुरक्षा और अतीत कर्मों का फल पेन्शन,
झोंक देते इसे,आमदनी कह इंकम टैक्स के दायरे,
पर,हक़दार भी नहीं,भरपूर लुत्फ़ उठाते पेन्शन का,
टैक्स देने वज़ाय, सौंप देते कुछ नए टैक्स वो,
फिर, चिल्लाकर जताते,बढ़ गया पेन्शन बिल।

न्योछावर किया सुनहरे जीवनकाल,

आपके अनमोल सुख समृद्धि लिये,

एहसास कहाँ था,मेरे बुढ़ापे का सहारा,

खटकेंगी इस तरह तुम्हारी आँखों में,

फिर फ़ाइलें भटकेंगी,नौकरशाहों के टेबलों पर,

अपमानित न करो इस तरह पेन्शन को,

तानों न,तरकश में तीर ऐसे,

भेद कर सुरंग बना जाए दिलों में वो,

अंग भंग कर भूतपूर्वों की अर्जित मर्यादा,

नयन छलके,जवानी के इठलाती लम्हों पर,

भावुक हो कोसते,बुढ़ापे को इत्मिनान से।

प्रस्तुति:- प्रभात

Note: A social security needed for contribution to the society. It is often seen by the authority as a loss to the exchequer. The myth needs to be checked and addressed with all regards.

परछाई

छुपन छुपाई खेलते रहते,

दूर नहीं,रहते मेरे नज़दीक ही,

देखते ही देखते हो जाते ओझल,

समझ न आता, कतराते क्यों,न सामने आते।

पीछे मुड़कर देखता, कोई आता तो नहीं,

आभास होता ज़रूर,पड़ मुड़ते ही छिप जाते,

पता नहीं,मुझसे छिपकर क्यों रहते हो,

खाता तरस तुम्हारी नादानियत पर,

लम्बी, ऊँची,छोटी, मोटी क़द लिए,

आज़ाद घूमता फिरता,क़ैदी हो तुम भटकते,

मिलता क्या सुकून,होगे थक जाते पीछा करते,

सहम कर इस तरह इतराई परछाई,

मौन रह सादगी में घूमता पीछे तुम्हारे,

अकेलेपन की दवा बन, दर्द सह लेता जिश्न में,
पास रहे या दूर रहने का एहसास कराता,
उम्मीदों के सफ़र में, और है न कोई हमसफ़र।

परछाई बन ज़िंदगी भर साथ रहने की तमन्ना,
ज़िद्दी हूँ, दर दर ठोकर खाकर भी पीछे आता,
तुम्हारी तकलीफ़ सही नहीं जाती मुझसे कभी,
छाँव में रहूँ या ना रहूँ, कड़ी धूप में साथ छोडूँ कभी।

तकलीफ़ से भावुक हो उठती,
जब संगीन इल्ज़ाम लगाते हो मुझ पर,
कड़ी धूप में साथ,अँधेरे में क्यों छोड़ जाते,
दिखता नहीं अँधेरे में तुम्हें,फिर कहते छोड़ जाते,
ज़रा सी माचिस जला देखो,मिलूँगी इर्द गिर्द ही।

काफ़ी है परछाई मेरी, देख कठिनाई,

समा मुझमें साहसी बना जाती,

क्यों ठुकराते मुझे, तुमने ख़ुदमें बसाया कभी,

पहचान बनाने का इरादा तो चाहिए अलग।

भीड़ में खुद की परछाई भी ग़ायब मिलती।

भीड़ में खुद की परछाई भी ग़ायब मिलती।

प्रस्तुति:-
प्रभात

नौकरशाही

सर ! सर! यस सर! की गवाही,

अनदेखी की मूल मंत्र से प्रेरित,

उत्तरदायी से छिपता दूर किनारे,

मुँह फेर,फिर ताने मारे,

नौकरशाही की सही लिबास ओढ़े।

कलमों की शक्ति है बहुत अपार,

बुद्धिमता की है,अपूर्व भंडार,

समय पर सिसकती कलम और बुद्धि ,

नाता रिश्ता तोड़ संविधान से।

खुद को न्योछावर राजनीति गलियारे।

लालफ़ीता शाही,भ्रष्टाचार के ये फ़रिश्ते,

कुचलते ग़रीबों की उन्मादों को,

अंग्रेजों के कोख़ से निकली नौकरशाही,

अब हो चली अफ़सरशाही में तबदील,

राजभोग और विलासिता जिश्न में,

पद्दोनीति के अव्वल दावेदार सिर्फ वही।

जवाबदेही का शिकार दूसरों पर करते,

लोककल्याण,निष्पक्षता दूर से ही आंकते,

कैन्सर की तरह अराजकता फैलाते,

है अंग्रेज़ी से प्यार, हिंदी से बिलकुल परहेज़,

है उपर से इंडीयन, भीतर से बिलकुल अंग्रेज़।

फ़ाइलों के गतिरोध में माहिर,

यहाँ से वहाँ तक ज़्यादा न दूरी,

फिर भी,फाइलों की ख्वाहिशें अधूरी,

साहब की अंगुलियाँ जो थामे कलम,

बन जाए गरीब की वाजिब मजूरी।

खाते डाँट सुबह शाम,

फिर खड़े हो जाते सीधे पाँव,

कथनी और करनी में कोई मेल नहीं,

बाधाओं और अर्चनों से अटूट प्रेम,

करते समय समय पर खुद का गुणगान।

लाटसाहब की दुनिया ही अनोखी,

कलर्कों की सेना के मुखिया,

आदर्शवादी, युवा हैसियत का रौब,

सुनकर भी,सुनाई नहीं देता इन्हें,

दीवारों पर टंगी महापुरूषों की तस्वीरें गुहारती,

प्रांगण में साक्षी तिरंगा,शर्माते लहराती,

उपदेश इनके छिपाये इतिहास के पन्नों में,

सिसकती नौकरशाही, प्रशासन कीद कुर्सी पर।

तबादला,निलम्बन इनका जन्मसिद्द अधिकार,

हुज़ूर, मालिक,कहने में बिलकुल न कतराते,

फ़ाइलें मेज़ पर,लोटपोट करती ,भरती जम्हाई,

सरकाते फ़ाइलें इधर उधर,रहे चढ़ावे के इंतज़ार।

मनमर्ज़ी से ओफ़िस आते जाते,

नीली बत्ती का ख़ौफ़ जताते,

सरकारी पैसे से देश विदेश घूम आते,

मौका लगे तो बीबी भी साथ ले जाते,

सीधे मुँह तो किसी से बात ही न करते।

इन सारी qualification से परिपूर्ण वो,

'बड़ा साहब'की उपाधि पाते ही,इतराते।

निराली है,नौकरशाही की लीला भैया।

निराली है,नौकरशाही की लीला भैया।

प्रस्तुति:-
प्रभात

छावनी पड़ा सुनसान

छावनी कुछ सुनसान और पड़ी वीरान,

चारों ओर सन्नाटा और बैरकें ख़ाली पड़ी शांत,

गाड़ियों की आवागमन,सैनिकों क्रियाकलाप पड़ी बंद,

वन्य प्राणियों ने लिया दाख़िला छावनी प्रांगण में।

पता नहीं !कहाँ रूठ गयी ख़ुशहाली,

सड़कें भी कुछ अनजान खड़ी हैं,

गलियाँ करें महसूस अपना अपमान,

ना चिड़ियों का चहकना, हवाओं का महकना,

छावनी कितनी निरापद और निदान हो चली।

फ़िक्र नहीं अब! चल दिये सीना ताने गंतव्य पर,

फिर,दिलों में कुछ अरमान और संकल्प लिये,

पूछो मत ! जा कहाँ रहे,अपनी उमंगों में,

धूल चटाने, हाहाकार मचाने दुश्मन के ख़ेमे में।

सूरज की किरणें भी,अब चली जाती चुपचाप,
चंद्रमा भी तारों संग हो जाती ओझल,
दशहरा बीता,बीत गयी दिवाली,
सुनी पड़ी भाई दूज,रूठी कारवाँ चौथ भी,
छिन गयी हमारी सारी ख़ुशियाँ अपार,
हो चली,असहाय जीवनशैली हमारी।

संदेशों की बौछारें, उम्मीदों की लहरें बिखेरती,
ख़ुशहाली की लपटें,समेट लेतीं छावनी को,
नव विवाहित दुल्हन की तरह नाचेंगी हरियाली,
व्याकुल वृक्ष और पत्तें ,इतराकर करेंगी स्वागत,
झूमेंगी उपवन,पूछ बैठेंगी,थे कहाँ इतने दिन।

ख़ैर! तुम ज़रा भी फ़िक्र ना करना,
तुम्हारी धरोहर पर आँच ना आयेगी कभी,
भावुकता के झरोखें से राह निहारूँगा सदैव,

चाहे,साँसें भी उधार लेना पड़े मौत से,

दुश्मनों के सीने फाड़, तिरंगा गाड़ देना तुम,

मानचित्र जो पड़ा धुँधला,शत्रुओं के रक्त से निखार देना तुम।

माटी के ऋण को चुकता कर ही आना वापस।

माटी के ऋण को चुकता कर ही आना वापस।

प्रस्तुति:-
प्रभात

इंकम टैक्स

इंकम टैक्स की दुनिया के खेल निराले मेरे भैया,

हमेशा लगा रहता amendment का मेला,

आज कुछ, कल कुछ और ही पायेगा,

जो देर से जागेगा,वो खो ही जायेगा।

असीम हैं,इनकी मज़बूत बिखरी भुजाएँ,

ज़िन्दगी के हर मोड़ पर टैक्स की आवाजाही,

कमाने में ,खर्च करने,मनोरंजन में भरता टैक्स,

पढ़ाई, दवाई और आख़िर शमशान तक भरता।

बजट बनाती सरकार, पर बिगाड़ता अपना बजट।

Income टैक्स,मोबाइल caller tune तरह,

दोनों के पैसे देते हम,मज़े लूटता कोई और,

अमीर लोन लेकर भागते, ग़रीबों के कर्ज़ माफ़,

झुलसे सपनों की कालिख लगाये मध्यम वर्ग,
भरपाई करते सरकारी ख़र्चों को खून पसीने के बल।

सरकार ने किया बिलकुल ठीक इंसाफ़,
130 करोड़ की आबादी में, टैक्स भरेगी 2.5 करोड़,
आमदनी तो सिर्फ 2.5 करोड़ जनता की,
बाक़ी क्यों टैक्स भरें हम मेहमान,
मध्यम वर्ग के कंधे चलता, ये भारत देश महान।

वाह! टैक्स डिपार्टमेंट की लीला अपरम पार,
कमाने, बचाने से पहले किया अपने को TDS से मालामाल,
पहले भर ले पेट अपना,फिर क़दर करदाताओं की,
अपना क्या जाता, मजबूर करदाता कि सुनता कौन?
क़ानून की हथकड़ी,क़ाबू पाती करदाताओं के अरमान।

मार्च का महीना आते ही मचती है अफ़रातफ़री,

गिद्धों की तरह मँडराते CA घरों के आस पास,

भारी छूट का झाँसा और कुछ ज्ञान दे बटोरते फ़ॉर्म-16,

दुविधा में पड़े राह निहारते कुछ income return,

फिर राहत की साँस मिली,बच निकला कुछ टैक्स।

Income टैक्स अधिकारी से हुई अनबन,फिर वो,

पूछ ही बैठा, कितना कमाया, ज़रूरत से ज़्यादा जमाया,

झुंझलाकर बोला,ज़रूरत से ज़्यादा जमाया,है तेरी मजाल,

माँ बाप का आशीर्वाद,पत्नी की स्नेह,बच्चों का दुलार,

मित्रों का प्यार, लगा लोगे क्या मुस्कराहट पे टैक्स,

ऐ तेरी क्या औकाद, कभी कर सकता,इन पर प्रहार।

प्रस्तुति:-
प्रभात

आत्मनिर्भर

आत्मनिर्भरता की पतवार थाम लो,

खुद के बलबूते थाम लो तूफ़ानों को ,

किनारे बैठने से नदियाँ होती ना पार,

निर्भरता की क्यों दामन थामें ?

आत्मनिर्भरता से हो बेक़रार।

उठ! कर ले खुद पर भरोसा,

क़ाबिलियत की ले परीक्षा,

परिणाम तो सुखद ही सुखद ठहरा,

प्रयास की देरी से सिर्फ,सहमी थी आत्मनिर्भरता।

विदेशी चादरों को दूर ही रहने दो,

खुद की मख़मली चादरों में लिपटने दो,

बहुत हुआ,अब स्वदेशी गुणगान होने दो,

सूरज की बारी अब,मोमबत्ती को दूर ही रहने दो।

मेहनत के झरोखे से,आत्मनिर्भरता को परखो,
युगों से बहतीं दूध की नदियाँ, समुंदर में बदल जाने दो,
सोने की चिड़िया को अब,वापस कोहिनूर लाने दो,
गौरव पूर्ण इतिहास और संस्कृति को मचल जाने दो।

सियासत के पिंजरों में बन्द होकर,
भविष्य को न,इस तरह तड़पने दो,
खुद पहुँचों बुलंदियों के सोपानों पर,
पराधीनता की बेरियों से जकड़ी,
आत्मनिर्भरता को आज़ाद हो जाने दो।

निरंतर हम रहे स्वावलंबी और स्वाभिमानी,
फिर क्यों,आत्मविश्वास को डगमगाने दो,
दृढ़ निश्चयी और संकल्प ले हम,
सियासी मतभेद,जात पात से नाता तोड़,
आत्मनिर्भरता की ज्वाला उठने दो।

आत्मनिर्भरता की झलक मिलते ही,

चीन छिपेगा,चीनी दिवार के पीछे,

फड़फ़राएगा तिरंगा लाहौर के ऊपर,

अमेरिका करेगा,मित्र संधि की पुकार,

विश्व जगत में होगी जय जयकार।

आत्मनिर्भरता से कर लो दुनियाँ मुट्ठी में,

आत्मनिर्भरता से कर लो दुनियाँ मुट्ठी में।

प्रस्तुतिः-
प्रभात

पतंग

उड़ी उड़ी रे पतंग!चली उड़ी रे,
उमंगों का न ठिकाना ,है आसमान छूने का बहाना,
पर,जुड़ी रहती अपने माँझों के बंधनों से,
कामना रख आसमाँ पे, रहती हमेशा जुड़ी जमीं से।

थामें डोर पतंग की,सब खूब उड़ाते,
पतंगों को लगा,हमें आपस में मिलाते,
मत दो डोर अपनी,किसी और के हाथों में,
लोग हैं ज़ालिम,लड़ाते अपने मज़े के लिए,
कमज़ोरियों का ज़िक्र ना करना जमाने से,
कटी पतंग को भी जमकर लूटा करते लोग।

कभी उलझा देता,मुझे दूसरी पतंग से,
ताज्जुब हुआ,अपनी संकल्प को देखकर,
खुले आसमान में उड़ने के ख़ातिर,

जी जान लगा दी माँझा का साथ छोड़ने,

ग़ज़ब अजूबा था माँझा भी,

साथ न छोड़ा ,तैयार था कट जाने को।

ख़्वाहिशों की पतंग को, उम्मीदों की उड़ान दो,

हौसलों को हवा लगे, छू लेने दो आसमान,

जानती है ,अंत में कचड़े में ही जाना,

पर ज़िंदगी में एक बार आसमान छूना।

गले मिलकर फिर काट लूँ गला,

ये मेरी जिह्व में नहीं,

प्रस्तुति:-
प्रभात

कुर्सी

कुर्सियों की लगी एक विशेष जमघट,
अपनी महिमा बखाने की लग गयी होड़,
हर कुर्सी क़द, स्वाधीन या अधीन,खुश या गमगीन,
रोज़ करती धमाल, अपनों से करती वो दूर,
बेजान,पर चलती, अभिमानों के आँचल में पलती,
सच के दम का दांवा ,पर रहती भ्रष्टाचार से लिप्त।

ये होतीं हैं निरीह, मोह माया से भी दूर,
आँख, नाक नहीं,न सुन सकती दुनियाँ की चीख,
नेताओं की आस और राजनीतिक चाल,
मनमर्ज़ी से देती अकारण कीचड़ उछाल,
अत्याचारी और बलात्कारी की बचाव में,
बेझिजक करते एक दूसरे कुर्सी पर सवाल,
आहों,आँसुओं के संसार से रहतीं अविचल और बेहाल।

कृषि प्रधान देश, अब हुई कुर्सी प्रधान,
भगवान भी अब सोच में डूबे,
रोटी, कपड़ा के बजाय अब माँगे कुर्सी,
जिस किसी को ना मिली कुर्सी,
अनशन,आंदोलन और गिरगिराने से,क़ाबू की कुर्सी,
कुर्सी ना तो टांगें ही सही, गठबन्धन से रच लेंगे कुर्सी,
फिर किसकी मजाल!हिला दे,कुर्सी से अगले पाँच साल।

कुर्सी की रहे,ताबड़तोड़ कंपीटिशन,
क़ब्ज़ा लिये लालायित, फिर जमे रहने की होड़,
बिठाए तो राजा, गिराये तो दिखाये औक़ाद,
संविधान को ठेंगा,लोकतंत्र का जनाजा,
क़ानून को नज़रबंद,दुश्मनों से सुलह,
फिर, शेर और मेमना मिल,राज करे जंगल में ।

कमजोर न समझो, इस कुर्सी को,
है हक़ीक़त,हक़ और सहूलियत,

कंगाल हासिल करते मालामाल, मूर्ख अकलमंद,
बेईमानी इसकी बुनियाद,है ईमान तिकर्मबाज़ी,
जुल्म है औज़ार इसकी, भ्रष्टाचार है औलाद,
झूठ है कवच, फ़रेब शान और सलीका दुश्मन,
फिर क्यों, सुने कुर्सी किसी और के मन की बात।

जो हासिल कर लेता मनचाही कुर्सी,
क़ाबू करता रुतवा, रुआब और ढेरों प्रभाव,
कुछ और पाने की इच्छा रहती कहाँ,
पनाह में आता कुर्सी के,रह जाता उसका होकर,
चाहत इसकी बड़ी निराली, टिक ना सका स्वाभिमानी,
बड़ों बड़ों को लपेट लिया ,खुद बन अभिमानी।

प्रस्तुतिः-
प्रभात

किस्मत और मेहनत की तनातनी

किस्मत और मेहनत में हो चली तनातनी,
वाक युद्ध का चला सिलसिला,
घात, प्रतिघात ने खूब मचाई कोहराम,
किस्मत रहा अपने अकड़ में चूर,
रही ख़्वाबों में लीन, कर मेहनत से सब को दूर।

अभिमानी किस्मत, उठी तिलमिला जब,
तुलना मेहनत से कर बैठे सब,
कहाँ राजा भोग, और कहाँ गंगू तेली,
हुंकार भर, चिल्ला उठी, मिनटों में सुनहरी भविष्य,
मिनटों में विनाशकारी चेतावनी देकर,
संसार में सिर्फ और सिर्फ मेरा ही बोलबाला,
आगे पीछे दुआओं का क़ाफ़िला, साथ चलता,
क्या मजाल किसी की! उठाये मेरी अस्तित्व पर सवाल।

शांत,संयमी मेहनत क़ाबिलियत से वाक़िफ़,
मुस्कुराता रहा प्रयत्नशील, भुजाओं के बल पर,
तूफ़ानों से लड़ने की है दिल में ठानी,
किस्मत दिखाये,डराये, लगाये असंभवों का मेला,
अपनी ज़िद्द पर अड़े ,गुज़र जाये मेहनत का क़ाफ़िला,
चटा कर धूल किस्मत को, पताका फहराने का फ़ैसला।

ऐ मत इतरा! किस्मत के भरोसे इतना,
पल भर के लिये ज़रूर बनाती है अपना,
जब पलटती है, तो पलट कर रख देती,
रहे ज़िद्द पर अड़ी अपनी,ख़ुशियाँ दूर खदेरती,
पर,हौंसलों में जुनून इतना,बेनक़ाब कर बैठती,
ग़ुरूर क्यों इतना! लक्ष्य एक,फिर नितराना कैसा?

किस्मत देती अगर मौक़ा, मेहनत की भी क़ीमत नहीं,
बेख़ौफ़ साथ मिल जायें दोनों,सफलताओं की हो बरसात,
बिखर जायें,अगर एक दूसरे का दामन छोड़,

पलट जायेगी नौका,बीच मँझधार सब कुछ छोड़,

फिर,कोसते रहेंगे,एक दूसरे को आजीवन,

पतवार ना लौटेगी,मेहनत या किस्मत के हाथ,

इंसान यों ही दर दर भटकेगा,आस्था और विश्वास भूलकर।

चलो! आपसी मतभेद,मनभेद छोड़ सिफ़र से सैकड़ा बनायें।

चलो! आपसी मतभेद,मनभेद छोड़ सिफ़र से सैकड़ा बनायें।

प्रस्तुतिः-
प्रभात

स्वर्णिम विजय दिवस

आओ! आओ! मनायें स्वर्णिम विजय दिवस,

गौरव माटी के लाल,तिरंगा कफ़न का सौभाग्य,

रक्त रंजित गौरव इतिहास के रचेता,

अमर शहादत में ख्याति, करे कौन हौसलों से मुक़ाबला,

सुमन अर्पित कर,नमन करें, दें इन वीरों को श्रद्धांजलि।

युद्ध श्रृंखला में सदैव विजयगान,

सरहद सीमाओं को सिमट सीनों में,

डिगा ना सकी दुश्मनों के गोला बारूदें ,

ललकार ! कुचल दिया दुश्मनों के अरमानों को,

त्रसित बांग्लादेश को दिया भरपूर आत्मसम्मान,

जय जयकार गूंजी,विश्व में इनके बलिदानों की,

खुद लिपटा तिरंगे में, पर दिया हमें अमन चैन की दिवाली।

बुज़दिली की मिशाल और पहचान तुम,

क्षीण है शक्ति,आमने सामने की,

ना उभार पाएँगे,हाफ़िज़ ,दाऊद की बुज़दिली,

दो टुकड़ों में बँटे,अब रहा बँटना क्या टुकड़ों-टुकड़ों में ,

सौगंध खाता इस पावन दिवस पर,

माटी का कर्ज़ अंतिम साँस तक निभाऊँगा,

सौ सौ शीष काट, माता के चरण पखारूँगा,

तिरंगा झुकने न दूँगा कभी,भले इसमें लिपट आना पड़े,

बहुत हो चुका,बस ! अब संभल जा तू !

कश्मीर का हठ,तो लाहौर से लुटोगे।

कश्मीर का हठ, तो लाहौर से लुटोगे।

प्रस्तुतिः-
प्रभात

This poem despite the restrictions of 100 words,even though very difficult, has encompassed the following:-
(a)Introduction.
(b)Honours to Martyrs.
(c)Liberation of Bangladesh.
(d)Threat to neighbour for dire consequences.
(e) Love for the Motherland.

पता करो! क्या चुनाव नज़दीक है!

स्वार्थी नेता तोड़ जोड़ में व्यस्त हैं,

भीषण व्यापार चल रहा राष्ट्रधर्म का,

धरनों और रिश्वत की भरमार है,

रौनक़ है,शहर में,खा रहा भर पेट गरीब है,

पता करो! क्या चुनाव नज़दीक है?

फ़्री में सब कुछ भरमार है,

टैक्स की ना किसी को कोई परवाह है,

देशभक्ति में सियासत की मिलावट तेज है,

पाँच साल बाद ,नेताजी का क़ाफ़िला दौड़ रहा धुआँधार है,

मधुशालाओं में बोतलों की होड़ है,

पता करो! क्या चुनाव नज़दीक है?

साफ़-सुथरे शहरें, दीवालों की पुताई,

रंग बिरंगी चुलबुली पोस्टर टंगी,

पोस्टरों पर प्रतिनिधियों का गुणगान,
चौराहों पर चाय की चाकरी, लोगों के उफनते मिज़ाज,
पता करो! क्या चुनाव नज़दीक है?

हर चाल में भी मात है,
पता नहीं कौन किसके साथ है,
वक़्त का मोहरा,उपलब्धियों के पिटारे संग,
हर मोड़ पर बैठा ख़रीदार है,
पता करो! क्या चुनाव नज़दीक है!

सरहद पर भरपूर तनाव है,
टीवी पर अपनी उपलब्धियों का हल्ला बोल है,
बेजान इमारतों में भी हिन्दू मुसलमान है,
लहु लोहान,तितर-बितर संविधान है,
पता करो! क्या चुनाव नज़दीक है?

प्रण लेकर चले ,देने नागरिकता की प्रमाण,

कुछ ख़ासियत है ,मेरे वोटों की,देता फ़क़ीरों को,

कम्बख़्त!समय न लगता होने में शहंशाह!

फिर भी,दिल पर पत्थर रखे,

राष्ट्र प्रेम खींच लाती,वोटों की क़तारों में,

पता करो! क्या चुनाव नज़दीक है?

प्रस्तुति:-
प्रभात

Note : As the elections near, there is an absolute change in the behaviour of politicians and the changing environment.

मीडिया

लोकतंत्र की 'चौथी स्तंभ', हाँ, 'चौथी स्तंभ',

सुनकर चकित,भ्रमित और मजबूर,

अब चौथी स्तंभ हो चुकी खोखली,

क्या लोकतंत्र की इमारत यों ही रहेगी खड़ी ?

खुलेआम बिक रही मीडिया,

बेईमानी के स्याही से लिखता,

करता बलात्कार काग़ज़ का कलम से,

सचाई छुपाता झूठ और भरम से,

घाघ है,पर नादान दिखता,

छोटी-छोटी खबरों को ऐसे उछालता,

मिले ना ख़बर,तो प्रिन्स को गड्ढे में डालता।

मीडिया पीड़ा का आधार नहीं,खोजता व्यापार,
इंसानियत, सम्वेदना, ईमान,धर्म सब गिरवी,
मशाला पाने को अधीर, उड़ाते अफ़वाहों के तीर,
मर चुका इनका ज़मीर, मूल मुद्दों से न इनका दरकार,
भूखे हैं,देश के नौजवान न्याय माँगने में,
भिड़ी है मीडिया, श्री देवी को बाथ टब से निकालने में,

चापलूसी के दीमक लग चुके,गणतंत्र की पतवार में,
दरबारों के ही गुणगान बस छप रहे अख़बारों में,
पैसा फेंक तमाशा देख, कंधों पर उगता भविष्य का चमन,
विदेशी मीडिया वाइरस का इलाज ढूँढ लेती
हिंदुस्तानी मीडिया,वाइरस में भी हिंदू मुसलमान ढूँढ लेती,
जो छप के बिका करते अख़बार,अब बिक के छपा करते।

तूँ तो चिराग़ बन घर रोशन था करना,

लगा दी आग घरों में,अरमानों को जला,

निर्जीव कैमरा और कलम भी रोया,

शक्ति का तूँ है स्त्रोत,वाणी में तेरी ओज,

लोक के इस तंत्र का तूँ महान स्तंभ,

भूल स्वार्थ, फिर कर देश का निर्माण,

मानव के मन में,भर नया विश्वास तूँ।

प्रस्तुति:-
प्रभात

सामाजिक दूरियाँ

(Social Distancing)

मनुष्य ठहरा,सामाजिक प्राणी,

रट्ट लगा दी,किताबी पन्नों ने,

समय ने ली अंगराई, बदले हालात,

बेजान मशीनें,मालिक बन बैठी,

दूरियाँ बढ़ाने मासूम दिलों में।

सामाजिक दूरियाँ,यों ही रही फिसलती,

परिवारिक दूरियाँ,भी रहती क्यों खामोश,

अलग थलग कर दी इंसानों को,

हैवान बना,फूट डाल दी इंसानों में।

बढ़ती दिलों की दूरियों से,उम्मीदों ने तोड़ी साँसें,

हम लाचार क्या कम,इन सामाजिक दूरियों से,

अब और क्यों,इन दूरियों का मचा रहे ख़ौफ़,

शारीरिक दूरियाँ (physical distancing)ही,

काफ़ी है, बेजान करोना को त्रस्त करने के लिये।

फ़ासला रखो, फ़ासला रखो,

मौत की हुई तेज लपटें,

सन्नाटे शहर का बदला मिज़ाज,

रहना वहीं,पर मिलना मंज़ूर नहीं,

दुष्ट करोना ने,सामाजिक मिलाप को,

दोषी बना,खड़ा किया,कठघरे में।

बड़ी अजब सी माहौल है,

जो बिमार है,रहेगा अकेला,

जो है अकेला,बिमार न होगा,

रास्ते खुले और सुनसान पर ,

धीमी हो गयी, रफ़्तार ज़िंदगी की।

अपनी तकलीफ़ अपने को बताना।

रुठना ना कभी अपनों से,

हाथ भले न मिलाना,पर साथ न छोड़ना कभी,

सभी को सभी से ख़तरा हुआ उजागर,

दूर रहकर भी, धीरज न गवाएँ कभी।

दूरियाँ सामाजिक ही घटाएँ,

शारीरिक दूरियों से ही,भगाए करोना को,

घबराएँ नहीं! यह नहीं टिकेगा ज़्यादा,

आख़िर, है तो made in China ही।

सामाजिक मिलाप तो,सांस्कृतिक धरोहर,

मिलाप नहीं,तो बिखर जायेगी सभ्यता,

बड़ी मुश्किलों से सँवारा पूर्वजों ने,

आँच न आने देंगे,करोना के दुष्प्रभाव से।

प्रस्तुति:-
प्रभात

Veteran

उसूलों की चादर ओढ़े,

अनुभवों का भरपूर ख़ज़ाना,

हौंसला अडिग , निहारें तिरंगा,

आन,बान,शान से न करे कोई खिलवाड़।

तिरंगा से लिपट जब आता सिपाही,

सीनें में अज़ीब कसक सी होती है,

भाव विभोर उठ खड़ा, धकेल उम्र की ज़ंजीरों को,

फ़रमान लिए,सीमा सँभालने को आतुर।

किया वतन से इश्क़, अभी भी निभाये जा रहा हूँ,

खिलौना नहीं कि टूट जायेंगीं,मेरे जज़्बातों की कड़ी,

शौर्य,वीरता,पराक्रमों,अदम्य साहस,बलिदानों की मूर्ति,

उम्मीद न रखता ,किसी से कुछ भी कभी,

बस!थोड़ी इज़्ज़त , क़दर का भूखा हूँ,

मत झकझोर मेरे अस्तित्व को,

जिस हाल में छोड़ा, उसी हाल में कदम से कदम उठाने का जज़्बा,

रखता हूँ तिरंगा के कफ़न की अभिल

प्रस्तुति:-
प्रभात

आईना

आईना हूँ, सच ही कहूँगा,

क्यों इतना कतराते हो,

घबराने की ज़रूरत या ?

जब हम दो मिलकर साथ निभाते हो।

आईना तो नज़रों का है कमाल,

नज़र वही आता जो दिल में होता,

हक़ जताने से कभी न कतराता,

खुद तो वैसा ही, पर मेरी उम्र बता जाता,

दोस्ती या दुश्मनी नहीं कभी निभाता।

पर, इतना मासूम भी नहीं,

कभी कभी रिश्वत इसकी पकड़ी जाती,

दिल में दर्द, पर चेहरा हँसता पकड़ी जाती,

समझा न पाया वह कभी अंदर की परछाई को,

गुण ,अवगुण बुराई और अच्छाई को।

आईना से किसकी यारी,

जो भी सामने उसी की बारी,

समझ कर भी कहाँ, समझा किसी को,

जैसा देखा, वैसा ही पाया खुद को।

पर, ऐसा साथी मिलेगा कहाँ,

साथ हंसे, साथ रोये, ख़ुशियाँ मनाये साथ,

दीवारों पर रहती टंगी, पर थकती न कभी,

खुद में अनजान, पर कराती औरों की पहचान,

इसकी खामोशियाँ सब बयान कर देती,

नज़रों की बग़ावत को भी मासूमियत से पेश,

ऊब जाती कभी मतलबी दुनिया से जो,

समझ कर सब कुछ,नासमझी से हाथ मिलाते,

फिर दोष मढ़ मेरे सिर, अपमानित हो बैठ जाते।

आईना कोई ऐसा बना दे ईश्वर,

जो इंसान का चेहरा नहीं,किरदार दिखा दे।

आईना कोई ऐसा बना दे ईश्वर,

जो इंसान का चेहरा नहीं, किरदार दिखा दे।

प्रस्तुति:-
प्रभात

उम्र

उम्र लाँघती रही सारी चारदीवारी,

बेख़बर इंसान,उलझा रहा यादों में,

सफ़ेद बाल और झुर्रियाँ देतीं गवाही,

मत कर ग़रूर,जवानी पर अपनी,

वक़्त बहा ले गयी,उम्र अपने मनमानी।

पता नहीं! बचपन से कैसे हुआ पचपन,

उम्र बढ़ी,पर ज़्यादा न कुछ बदला,

बचपन की ज़िद्दें ,हुई समझौतों में तबदील,

उम्र बेख़ौफ़ बढ़ती गयी,ज़रूरतों में ढलते रहे,

अरे! ज़िंदगी बदली नहीं,पर हम ही बदल गये।

शरीर उम्र की सीढ़ियाँ चढ़ता रहा,

मन,बचपन की दहलीज़ न कर सका पार,

ख्वाहिशें तो ढेरों, ले खड़ा था पर,

कम्बख़्त! उम्र कहाँ आती क़ाबू में,

सरेआम, तोहफ़े में तजुर्बों का झाँसा दे,

मुँहफेर, इठलाती उड़ी परिंदों की तरह।

उम्र की गठरी खोल, लम्हों की यादें बिखेर,

वक़्त से पहले,हादसों से लड़ा,

अपनी उम्र से कई साल बड़ा,

ख़ौफ़ दिखाता,पर है बड़ा बुज़दिल,

बुढ़ापे का डर दिखा,सोचा दहलेगा इंसान

अरे भाई! उम्र सिर्फ अंकों का खेला,

सिर्फ, आस और काश का ही मेला,

बढ़ना तो दस्तूर-ऐ जहाँ है,

महसूस ना करो,तो बढ़ती कहाँ है।

उम्र को हराना तो, शौक़ ज़िंदा रखिये,

दोस्त चन्द ,पर चुनिंदा रखिये,

साँस खर्च हो रही, बीती उम्र का हिसाब नहीं,

ख़ुशी से जी रहा,ज़िंदगी तेरा जवाब नहीं।

उदास होने के लिये उम्र पड़ी है,

नज़र उठाओ सामने ज़िंदगी खड़ी है।

उदास होने के लिये उम्र पड़ी है,

नज़र उठाओ सामने ज़िंदगी खड़ी है।

प्रस्तुति:-
प्रभात

रुपैया

रुपैया हूँ ,बहकता हूँ,फिर भी मदमसत रहता हूँ,
गिरता ,पड़ता रहता , पर बेख़ौफ़ घूमता रहता ,
सबको ज़रूरत मेरी,क्यों करें किसी की परवाह ,
तलाशी है,सबको मेरी,हासिल कहाँ सबके क़िस्मत।

अहंकारी, अभिमानी हूँ भरपूर ,
नज़दीक न आने दें , नहीं सहता रुआब किसी की ,
स्वच्छन्द विचारों से,इधर उधर घूमता रहता,
मर मिटते मेरे लिये सभी, जाता वहीं,दिल को जहां क़बूल।

अहमियत न समझी ,दहलीज़ पर न रखता कदम,
रिश्ते कलंकित करने में माहिर,
क्या राजा! क्या रंक, हैं सभी बेचैन,
इठलाती, बलखाती पर नज़दीक न आने दू।

पता नहीं ! कुछ समय से काफ़ी चिंतित रहता हूँ,

अहंकार के समुद्र में लोट-पोट रहे,

फिसलते, गिरते,होते रहे लहुलुहान,

मुझे सँभालने की सबको ज़रूरत,

पर ! फिर भी मेरे फिसलने की इलाज न कोई ।

प्रस्तुति:-
प्रभात

Note: The declining status of Indian rupee against dollar is disturbing.

युवान

बेसब्री से था इन्तज़ार,

अनमोल रतन पाने को बेक़रार,

मम्मी, पापा थे बहुत बेचैन,

सारी दुनिया एक कर डाली,

पर समय चुना तुमने , ख़ुद के मुताबिक़ ।

११ नवंबर को हुआ आकस्मिक चमत्कार,

'ध्रुव' नन्हा फ़रिश्ता लिया अवतार,

ख़ुशियों का अपार ख़ज़ाना लिए,

चन्द मिनटों में ,बन उठा सबका ठिकाना ।

दादु-दादी,नानु- नानी के सितारे,

अनन्त ख़ुशियों के रखवाले,

झूम झूम कर हुआ था गुंजायमान ,

ध्रुव,तुमने रचा आलोकमय कीर्तिमान।

प्रस्तुति:- प्रभात

उलझन!

उलझन,सुलझन थी सौतेली बहनें,

मार्मिक थी दोनों की घनिष्ठता ,

विचारों में बिल्कुल विपरीत,

वर्चस्व की लड़ाई में सदैव मुठभेड़।

कुरेद देती स्वच्छ मानसिकता को।

भरपूर आज़माइश करते एक दूसरे को,

घमंड से चूर,नीचा दिखाने में माहिर,

छाया बन, प्रतिघात में रहते व्यस्त ।

नासमझ उलझनों का कारवाँ,

बिना सोचे समझे दौड़ा चला आए,

घोर मुठभेड़ की मुद्रा में समेटकर,

आव देखा न ताव,उलझे सुलझन से ।

उलझनों को सुलझाने की क़वायद में,

उलझते ही गये उसकी चारदीवारी में,

खोज उसकी गुत्थियों का पुलिंदा,

फिर तड़पाया,बेलगाम उलझनों को।

अपनी उलझनों में ही,मुश्किलों का हल,

टेढ़ी मेढ़ी शाखाएँ भी दे रसीले फल ,

व्यर्थ सोचना आसान गुजरेगी ज़िंदगी,

उलझनों से ही सुलझेगी ये ज़िंदगी ।

मकड़ी न फँसे अपने बनाए जाल में,

आदमी उलझे,अपने बुनी ख़्यालों में ।

प्रस्तुति:-
प्रभात

सैनिक स्कूल, तिलैया

मैं हूँ वही तिलैया डैम।

पहाड़ियों में,प्रकृति और मानव का सामंजस्य,

अडिग,विशाल,सौन्दर्य की अद्वितीय संगम,

विरासत में प्रांगण में सजी अतुल्य रत्न,

ख्याति अर्जित सैनिक स्कूल के कारण ।

इसकी अविरल गाथा बयाँ करूँ कैसे,

असंख्य नन्हें दुलारे गोद में समेटे,

क़िस्मत संवारने की क्षमता संजोए,

स्वर्णिम पन्नों में लपेटे अनमोल क़ुर्बानियाँ।

मार्गदर्शकों के योगदान अमूल्य की कहानियाँ,

आदर्शों,अनुशासन और सिद्धान्तों के मिसाल ,

डूबती कश्ती को जहाज़ बनाने वाले,

कोटि नमन, सुमन अर्पित उनकी निष्ठा की।

क्या दूँ! गुरू दक्षिणा,द्वन्द उठी मेरे मन में,
समयबद्ध करूँ आत्म अवलोकन,
पर चुका न पाँऊ ,ऋण तुम्हारा,
चाहे, जीवन भी कर दूँ न्योछावर ।

सहपाठी मिले अत्यंत समर्पित,
तारों की तरह दुख- सुख में मंडराते,
स्कूल नम्बर से ही आत्मीयता जताते,
जल जाते,औरों के लिए,दियों की तरह।

कोई इस शहर, कोई उस शहर, कोई किसी गली,
निकल गए इस राह से वो,राहगीर बन याद आए,
गले मिलकर जुदा हुए,वादा अब मिलेंगे सदा,
आँखें नम हुईं, तो क़समें दे चुप कराते नज़र आए।

उनसे तकरारों की क्या बयान करूँ,
रंजिसें तब्दील हुई,ढेरों शुभकामनाओं में,
भूल न पाऊँ,त्याग और समर्पण की कहानी,
निभाई,हमारे निर्माण में योगदान की साझेदारी।

तूफ़ान बन उमर आता यादों का सिलसिला,
तुम्हारे लिए तन,मन,ज्ञान और जीवन समर्पित,
धन और रक्त का कण कण समर्पित,
आँच न आने दूँ तुम्हारी ख्याति पर कभी।

न निकल पाऊँ,दहलीज़ से बाहर तुम्हारे,
यादों का बस्ता समेटे,भावुक हो जाता हूँ,
भावुकता में आंसू छलके, भाव विभोर हो जाता हूँ,
निष्ठुर हो चल पड़ता, लांघकर सीमा तुम्हारी !

फिर लौटूँगा!शीष झुकाने इस पावन बगिया में,
फिर लौटूँगा! शीष झुकाने इस पावन बगिया में।

Note: Dedicated on the course Golde
celebrated at Tilaiya.

प्रस्तुति:-
प्रभात

पुराने लम्हे फिर याद सताये!

दाखिला के बाद कोने में सिसक सिसक रोना,

'अन्डर वीयर'की डोरी बार बार बाँधना,

सीनियर के उपदेश और ज्ञान का पुलिंदा बनाना,

उनके आदेशों पर बेसुर में राष्ट्रगान गाना,

पुराने लम्हे फिर याद सताये ।

'एनसीसी'के बाद जिलेबी समोसा के लिये दौर,

मासिक ६ रूपया जेब खर्चा मिलना और फिर,

'मोती' दुकान 'चमचम' के लिए दौड़ लगाना,

पुराने लम्हे फिर याद सताये ।

'चन्द्रा सर' की आपबीती वाहवाही सुनना,

'जोश सर' के छड़ी से धुनाई का सौभाग्य,

'सत्संगी प्रिंसिपल' के जानी पहचानी थप्पड़,

पुराने लम्हे फिर याद सताये ।

'बेल बौटम' का कतराना,

'डीवीसी' में पिक्चर भाग कर देखना,

पिक्चर देख, 'उरवाँ मोड़' से पैदल आना,

पुराने लम्हे फिर याद सताये ।

'डॉ यु कुमार'के सूई से बढ़ी दिल की धड़कन,

'कफ सिरप' 'टिनचर आयोडीन' में सन्तोष करना,

'इन्दु पोदार' के परितोष को हिन्दी में विश्लेषण,

पुराने लम्हे फिर याद सताये।

मेस के सामने स्कूल कप्तान के भाषण,

सरफराज वेटर से अधिक 'बन'और 'मीट'लेन

'फ्रंट रोल','हॉनचिंग' तीव्रता में माहिरता ,

पुराने लम्हे फिर याद सताये।

प्रस्तुति:-
प्रभात

नटखट युवान

झलक मिलते ही दिल मचल उठता,
सोचता हूँ तुम यहीं कहीं हो,
बुलाता,तो किलकारी नहीं सुनाई देती ,
फिर भाव विभोर हो,व्याकुल मन ,कोने कोने तलाशता,
मन को झुठलाया करता! तुम यहीं हो नज़दीक मेरे।

जबसे दहलीज़ पर दी दस्तक,
जादू सा कर रखा है ,
अभी तो वापस आया हूँ,
फिर क्यों ! मिलने को दिल तड़प उठता है ।

किलकारियाँ, नादानियाँ, बाँहों पर झूलना,
बिखरती नयनों से स्नेह, ओठों से मुस्कान,
हिलोरें मारती हैं यादों का कारवाँ,
असहाय,शिथिल करती सम्पूर्ण अंगों को,
सन्नाटा पसर जाती हमारे उपवन में ।

तुम रहो !आबाद हमारे बगिया में,
रंग बिरंगी फूलों से करो सुसज्जित,
मंत्र मुग्ध कर दो,अपने कार्य कलापों से,
बिखेर दो अपने सौन्दर्य की महिमा,
याद रहे! अचूक हो तेरा निशाना।

प्रस्तुति:-
प्रभात

Note: Author is missing his grandson desperately.

The poem is author's outburst of emotion.

पहचान

पहचान की तलाश रहा भटकता ,

दर दर खाते ठोकरें ,

नक़ली हुई आँसू और मुस्कान,

तलाश क्यों,अपनी असली पहचान।

मंदिर,मस्जिद,में अपनी पहचान,

भटका असमंजस में पड़ी पहचान ,

लहूलुहान कराहती शैय्या पर पहचान,

मुस्कुराते क्यों मेरी बदहाली पर।

झकझोर उठाया,खड़ी हुई पहचान ,

निवस्त्र ओढ़े उपलब्धियों की मान,

सिसकती पूछी,क्यों बुलाया मुझे,

गिरवी क्यों रखी मेरी सम्मान।

सवाल दिल में झकझोरती,

क्या मैं अब भी वही हूँ,

या इस चकाचौंध दौड़ती रफ़्तार में,

चीड़हरण कर,दूर कर दिया रवाना।

पहचान डूबी,आधार कार्डों के पन्नों में,

बदली दिखावों के व्यापार में,

प्रगति,विकास की यही परिभाषा तो,

कुचल दो,ढोंगी ,स्वार्थी पहचान ।

पहचान की इस दौड़ में,

ज़मीर को रखना क़ायम।

प्रस्तुति:-
प्रभात

ईवीएम , वोटर और ज़मीर !

ईवीएम,वोटर और ज़मीर घनिष्ठ मित्र,

सजके साथ करते विचरण,

मिलकर एक-दूसरे का कराते सम्मान,

भायी नहीं,मित्रता नेताओं को कभी।

नेता जी आये! नेता जी आये!

बस,तीनों को आपस में लड़ाये,

लहुलुहान हो तीनों ने मानी हार,

प्रण ली,लगे करने दुराचार ।

नेताओं ने वादों का झोला लुटाया,

विकास की बौछार,करो मेरा उद्धार,

ईवीएम,ज़मीर ख़ामोश,निर्णायक सिर्फ़ वोटर,

निपट लेंगे,करो सिर्फ़ मेरा बेड़ा पार।

बेगुनाह ईवीएम बोली,करो मुझपे एतबार ,
उँगली से जो दबाया, वही मतदान का सार,
पता कहाँ चली मेरे अन्दर की बेईमानी,
ईवीएम ख़राब,पर टाल दी सबकी बात।

ज़मीर चुपचाप सिर झुकाए,
कुछ बोल न पाया,सिर्फ़ शरमाए,
रह रहकर खूब मुस्कुराये,
देखते सिर्फ़,किसकी झोली में सरकार।

वोटर फिर चिल्लाया,ईवीएम बेईमान,
हर बार साज़िश की है यही जान,
पर किसी ने अपने मन से नहीं पूछा,
जो वोट दिया,क्या था वो सच्चा ।

जीत गया तो वोटर की जीत,

हार गया तो मशीन की चीट,

ज़मीर तो पहले ही बिक चुका,

ईवीएम पर अब दोष गया चिपक।

नेता जी फिर जीते, निकाली रैली,

वोटर फिर बोली,ग़ज़ब हुआ घोटाला,

अरे भाई! जब तक ज़मीर न जागे,

तब तक ये ईवीएम क्यों भागे!

नेता जी बोले जनादेश सम्मानित ,

हारते ही ईवीएम अपराधी मानित,

पर असल खेल हुआ ये भारी,

ज़मीर की नीलामी थी सबसे प्यारी।

दोष ईवीएम का नही रे भैया!

असल रोल तो वोटर के अन्दर की माया,

दिल पुकारे,पेट और लालच की ज़ुबान,

वोट बिकेगा, तन्त्र निश्चित ही डोलेगा।

अदालत और संसद में हाहाकार,

टीवी चैनलों पर बहस धुँआधार,

मशीन की बदली,ये चीख पुकार,

ज़मीर की बदली,पर कौन करे विचार।

ज़मीर सोयेगा,तो लोकतंत्र रोएगा।

ज़मीर सोयेगा,तो लोकतंत्र रोएगा।

प्रस्तुतिः-
प्रभात

ज़मीर- विवेक,नैतिक चेतना ,अन्तरात्मा

स्वर्ग से उतरे मेरे रिश्तेदार।

रात सपनों में हलचल मची ,

लगता है बादलों की बस चली,

उतर पड़े रिश्तेदार सारे,

स्वर्ग से सीधे मेरे द्वारे ।

दादा जी बोले -'अरे बेटा नमस्ते',

स्वर्ग में भी टी वी चलता सस्ते ,

धरती का क्रिकेट वहाँ भी आता,

पर,कौमेनटरी पंडित ही करता

दादी ने आते तवा माँगा,

बोली ऊपर न कोई गैस ना चूल्हा,

फ़लाहार रोज़ रोज़ कौन खाता है भाई,

धरती का पराठा ही जन्नत दिलाये।

चाचा जी बोले - ऊपर सब फ़्री है ,
पर,शराब की दुकान कहीं दिखी ही नहीं,
इन्द्र देव कहते-सोमरस पीयो,
बिना मुँगफली -क्या कभी मज़ा भी आए।

मौसी आयी झोला लटकाए,
बोली स्वर्ग में सेल्फ़ी कौन खिंचवाए,
इधर देवता सब ध्यान लगाते,
उधर हम बहुएँ फ़ेसबुक पर जाते।

फ़ूफा जी तो और निराले निकले,
बोले- उपर भी मुहल्ले वाले खूब झगड़े,
स्वर्ग की पंचायत रोज़ लगती
देवता भी 'मेरा प्लॉट'पर अटकती।

सब मिल हँसते रहते ,
धरती की शिकायत उपर तक भरते,

फिर अचानक यमराज की सीटी बजी,
सभी रिश्तेदार भागे-चलो वरना ड्यूटी मिलेगी।

मैं जागा तो तकिया भींग चुका था,
दिल रोया पर हँसी भी थम न पाई,
सोचा चाहे स्वर्ग हो या धरती का हाल,
रिश्तेदारों की नोक झोंक सदा कमाल।

प्रस्तुति:-
प्रभात

Note: With the breaking of joint family, self-centred relatives have totally changed the bonhomie.

क़ैद था मैं अपने ख़्यालों में ।

क़ैद था मैं अपने ख़्यालों में,
जैसे परिन्दा टूटे पंखों के साथ,
उड़ना चाहता था,आसमान छूने को,
पर, बंधक था,अपने ही डर के पिंजरे में ।

यादों की सलाख़ें थी चारों ओर,
हर ख़्वाब था,अधूरा सा पहरेदार,
कभी हँसी की गूंज कानों तक आती,
तो,कभी आँसुओं का सागर डूबा देता ।

दिल चाहता था,चीखूँ जोड़ से,
पर,आवाज़ गुम हुई सन्नाटों में,
आँखें कहतीं,सब बयाँ कर दो,
पर लब बंद थे, मजबूरियों के ताले में ।

क़ैद रहता,मैं अपने ख़्यालों में ,

उम्मीद और हक़ीक़त की थी मुँहतोड़ लड़ाई,

एक ओर उजली सी सुबह का सपना,

दूसरी ओर धुँधली काली रात की परछाईं ।

पर, अचानक भीतर से आवाज़ आयी,

तू टूटा नहीं है, बस सिर्फ़ थमा है,

तेरी उड़ान का आसमान,अभी भी तेरा,

बेसब्री से इंतज़ार कर रहा तेरा।

पर,रूह ने ख़ुद ही हाथ थामा,

पिंजरा तोड़ उड़ चल, पंख अभी बाक़ी,

मुस्कुराया-समझा क़ैद सिर्फ़ था ख़्यालों में,

दिल तो अब भी आज़ाद था ।

ख़्याल बोझ नहीं,परवाज़ है,

क़ैद नहीं,उड़ान भरने दो सदैव।

ख़्याल बोझ नहीं,परवाज़ है,

क़ैद नहीं,उड़ान भरने दो सदैव ।

प्रस्तुति:-
प्रभात

(परवाज़- उड़ान)

सावित्री - तब और अब!

तब की सावित्री-

पति के लिये तप, करती निर्जला व्रत,

यमराज से भिड़ गयी- प्यारे को ना दूँगी हट,

सिंदूर डाले, न डर, ना हिचक- पतिव्रता की चमक ,

वापस दो पतिदेव को,यमलोक में भी नहीं छोड़ूँगी।

अब की सावित्री -

व्रत तो ठीक,पर लो- कार्ब डायट रखो,

पति बीमार- नेटफलिक्ष पर क्वाइयट रखो,

यम आये तो बोले- भैया पहले स्लॉट बुक करो,

ऑनलाइन अपाँट्मेंट लो- टाइम मत करो बर्बाद,

रुको ! पहले सेल्फ़ी, बाक़ी सब बाद में।

तब की सावित्री -

पाँव के छाले, माथे पर पसीना,

यमलोक की सीमा पर पहुँची हसीना,

नारी शक्ति की अद्भुत प्रमाण,

पति को लौटा लायी, दिया हिला ब्रह्मांड।

अब की सावित्री-

बोले- डियर, इन्शुरन्स है न! क्लेम लग जायेगा,

अस्पताल में कैशलेस मेडिकयर मिल जायेगा,

मारना जीना तो नैचुरल प्रॉसेस है जान,

जल्दी करो वीकेंड पर जाना है मॉल।

अब की सावित्री-

है तो उतनी ही बहादुर,

बस बदला तो सिर्फ़ यम का स्वरूप,

कभी ईएमआई,कभी बॉस का ईमेल,

पहले क्यूआर कोड स्कैन कर लो,

फिर जो लड़ना,वो लड़ लो ।

तब की सावित्री-

जीवनसाथी के लिए जंगल पार करती,

पति ही मेरा सौभाग्य, मेरी शान,

रखती पति की लंबी उम्र के लिए व्रत,

यम को माना लेती मीठी वाणी से,

पर जुनून वही है,जज़्बा वही है,

चाहे मौत का दरवाज़ा या मेट्रो का गेट ,

सावित्री हर युग में कहती,

मैं नहीं रुकूँगी,मैं झुकूँगी नहीं।

समय बदला,हालात बदले,

पर,सावित्री आज भी अमर है,

कहती- पति है,ठीक है.. पर बैंक बैलेन्स मेरी जान,

और सुनो, अगर पति उठ भी गया स्वर्गलोक ,

तो इंस्टा-स्टोरी डाल दूँगी- “माई एंजल, माई ब्लॉग “

प्रस्तुतिः-
प्रभात

हो चली मेरी बिटिया सयानी

वक्त की साज़िश थी या,
थी उम्मीदों की उड़ान,
समझ नहीं आता,इतनी जल्दी,
हो चली मेरी बिटिया सयानी।

माथे पर बिंदिया और सिन्दूर,
हाथों में खनखनाती चूरियाँ,
पाँवों में पायल की रुनझुन,
साड़ी की आँचल समेटे,
हो चली मेरी बिटिया सयानी।

गया वो बचपन, सपने हुए बेगाने,
असीम प्यार की थी हक़दार वो,
दोनों कुलों की मर्यादा,बखूबी निभाने।
स्वाभिमानी वह ,चली कुछ और प्यार बटोरने,
हो चली मेरी बिटिया सयानी।

बदला बसेरा,नये रिश्ते हुए शामिल,
जिम्मेवरियाँ बढ़ी,प्यार और भी बढ़ी,
उस घर की भी याद आती बहुत,
क्यों नहीं ममता की बाँहों में कुछ और रही,
क्यों बड़ी हो गयी,पापा की निगाहों में,
हो चली मेरी बिटिया सयानी।

पराया धन कह ,बेटी को,करते अपमानित,
विधाता की तो अनुपम भेंट वो,
आँगन की तुलसी, हंसी ठिठोली की पुड़िया,
दोनों घरों की शान ,पहचान और रौनक,
हो चली मेरी बिटिया सयानी।

खाना बनाना आता नहीं,शौक़ भी नहीं,
दालों में फर्क भी पता नहीं,
खाने में नख़रे रहते आसमाँ छूते,
पर अब,बन चुकी है अच्छी chef,
हो चली मेरी बिटिया सयानी।

घर भर की फ़िक्र और चिंता,

बचपना और हठ को दफ़नाया,

आख़िर अपना ख्याल छूटा पीछे,

हँसी के पीछे छोटे छोटे दर्द छिपाते,

हो चली मेरी बिटिया सयानी।

आत्म सम्मान की है वो मिशाल,

संस्कृति और परंपरा को संजोती,

मान ,मर्यादा को सरताज बनाए,

यश की खान समेटे, भरे मुस्कान लिये,

हो चली मेरी बेटी सयानी।

प्रस्तुति:-
प्रभात

Note: Author's expectations from his grown-up daughter.

मौत के बाद की महफ़िल

मौत आयी सब ढिढक गये ,

चेहरे गंभीर,होंठ सिमट गये,

कफन, फूल,मोमबत्ती, आँसू की धार,

घर के कोने कोने में पसरा मातम की मार।

पर,तीसरे दिन से माहौल लगा बदलने,

रोना धीरे-धीरे लगा बिखरने,

किसी ने कान में फुसफुसा कर कहा-

आख़िर! मकान अब किसे मिलेगा भला?

कोई बोला -बहुत नेक थे,

आँसू पोंछ, पीछे मुड़कर बोले -

भला मानते कहाँ किसी और की बात,

थोड़ा ग़ुस्सा कम करते,तो और दिन जीते।

दूर दराज से रिश्तेदार भी आ जाते,

बस चेहरा दिखाने और फ़ोटो खिंचवाने,

समोसा,पकौड़े चाय की चुस्की के साथ,

"पेन्शन कितनी छोड़ी और गहने कहाँ है ?

कोई कहता- जीवन अनिश्चित, बाक़ी सब माया

मोबाइल में स्टेट्स डाल देता- Gone too soon "

फिर गली की मोड़ पर पान चबाते,

उनसे नज़दीकी की क़सीदे गढ़ता।

सातवें दिन फूल मुरझायी तस्वीर पर जमी धूल,

मैं उनकी यादों का क़िस्सा बन जाता,

सच तो दुनिया रोती रस्म अदायगी के लिए ,

फिर दौड़ी,ज़िंदगी अपनी अपनी पटरियों पर।

शिकायतों में क्या रखा, मुस्कानें बाँट लीजिए,

अच्छी ज़िंदगी वही,जो खुलकर जी लीजिए ।

प्रस्तुति:- प्रभात

इमोजी का प्रकोप!

इमोजी का बढ़ता उफान,

नई पीढ़ी की बन गई शान,

शब्दों को दबाया निष्ठुर अभिमान,

निगल चुकी भावनाओं की मान।

पैदा हुई बनाने संवाद को आसान,

पर,भावनाओं को कर दी लहूलुहान,

संवाद को किया धराशायी,

पर, वाटसप में ख़ुब धूम मचायी ।

अल्फ़ाज़ होए बेकार और भावनाएँ खोखली,

तब इमोजी की सेना कर देती हर बात अधूरी,

संवाद का स्तर घटा, ज़रा हो जाओ गम्भीर,

क्या हम हैं इंसान या इमोजी फ़ैक्टरी की पहचान ।

पहले जताया प्यार शब्दों में,
पर, अब काम चलाया इमोजी से,
दूर बिखर जाये दिल की भाषा,
मतलब निकाली,अपने ही हिसाब से ।

इमोजी है मज़ेदार, हँसी तो ज़रूर बढ़ाये,
पर, दिल की बात सिर्फ़ शब्द ही जताते,
खिलवाड़ छोड़ो, भावनाओं को समझो,
वरना, सारे रिश्ते इमोजी में उलझ जाये ।

कभी शब्द बोलो, कभी इमोजी दिखाओ,
पर, रिश्तों की गर्मी ना भूल जाओ,
इमोजी का प्रकोप बहुत कठोर है भैया,
पर है,दिल की भाषा सब पर भारी है भैया ।

इमोजी तो बस दिखावा है प्यारे,
दिल से निभाओ तो रिश्ते टिके सारे ।

प्रस्तुति:-
प्रभात

इमोजी- (डिजिटल चित्र या आइकॉन जिनका इस्तेमाल भावनाएँ या विचार व्यक्त करने के लिये किया जाता है)

मेरे घर आयी एक परी।

आ रही हो तुम ख़ुशियों की सौग़ात लिए,
सपनों का दीपक और विश्वास लिए,
तेरे क़दमों की आहट से महक उठे मेरे घर की मिट्टी,
तेरे मुस्कान से खिल जाए हर बगिया की ललक।

तू न केवल बहु होगी, बनेगी मेरे जीवन का सहारा,
तेरे बिना अधूरी और सूनी थी राहें ,
तेरी दिल की सादगी का आँख प्रेम की मिसाल,
हर मुस्कान दे जाए सुख का आनंद ।

घर का हर कोना तेरा नाम गुनगुनाएँ,
तेरी मौजूदगी हर दिल में प्यार जगाए,
आओ आनया, बनो हम सबके सपनों की रानी,
ख़ुशियों की बौछार से भर दें ये कहानी ।

तेरी आहट से महकेंगी ये घर आँगन ,
बहु नही तू है अपनापन की संगम ।

प्रस्तुति:- प्रभात

Note: Author welcomes his daughter-in-law Ananya to his home for the first time.

व्हाटसेप का ज्ञान देवता ।

मुर्ग़ा बोले न बोले, पाँच बजे ये नींद खोले,
ज्ञान देवता गुड मॉरनिंग फूलों संग आते,
बुद्ध, रहीम ,गीता, क़ुरान याद दिलाते,
बिना पूछे मोबाईल में घुस जाते।

कभी कहते - हल्दी वाला दूध है अमृत,
तो कभी रात में नमक है वर्जित,
कल का भेजा ब्रह्माण्ड का रहस्य,
आज भेज दिया नींबू नमक का रहस्य ।

इसको न लगती भूख,न आती कभी नींद,
बस,हर पोस्ट पर अंगूठा दबाते जाती,
फ़ास्ट फोरवरड ही है,इनका धर्म प्यारा,
जल्द शेयर करो, नहीं तो नुक़सान तुम्हारा ।

अंग्रेज़ी कोट्स, हिन्दी का तजुर्बा,

कौंपी पेस्ट से बनते, महा महात्मा ,

तर्क करो तो कहते- भाई पढ़ लो चुपचाप,

ये ज्ञान बिकता लाखों में,मुफ़्त है,क्या बात।

गूगल बाबा ज्ञान उठाये,

पर,वहाटसेप पर देवता बन जाए,

सवाल करो तो, ग़ुस्सा खाये,

भाई, तुझे तो कुछ समझ न आये।

वाटसेप का देवता महान,

हर घर से मिलता,आन बान और शान,

पर, सच की परिभाषा से वाक़िफ़ हो इतना,

ज़िन्दगी में अमल लाने से,कतराते क्यों इतना ।

वहाटसेप देवता हैं बड़े महान,

झूठ को सच कर, दें तुरंत एलान।

प्रस्तुति:-
प्रभात

अहंकार- एक अभिशाप!

अरे अहंकार! नवाबों की तरह इतराते क्यों,
तेरा घमंड कभी टिकेगा यहाँ,
इतिहास गवाह तेरी काली करतूतों की,
जल्द समेट अपनी नादानियों को झोली में ।

जो 'मैं'-में ही हो गया विलीन,
आस्तीन का साँप बन, ज़िन्दगी किया विहीन,
भीषण भीतर की आग से कर दिया अपने को भस्म,
कर दिया राख,सबके सपनों की मंज़िलों को।

अरे,अहंकारी बाबू! संज्ञान ले इतिहास का,
रावण का वैभव भी जला,दुर्योधन का मान,
"मैं" का ज़हर से बच न सका कोई,
छीन लिया अभिमान,जीवन की पहचान।

अहंकार सोचती- है वह अजेय,
पता क्या!समय की धार में है कौन बलवान?
ढ़ह जायेगा चन्द मिनटों में उसका साम्राज्य,
मिट्टी में समा जायेगी,उसके ज़िद की सिंहासन।

अहंकार की दीवारें जब हो जाए ऊँची ,
डगमगा जाए,रिश्तों की नींव ही पूरी,
झुके इंसान,तो महकता फूलों सा,
अहंकार में अकड़े,तो बिखरे सारे अरमान।

रहे तुम! आत्म विनाशकारी की पहचान,
है !तेरी चमक क्षणिक,पर है नहीं तू अनन्त,
कान खोल सुन ले! गर्जना सबकी आज,
है, अन्त तेरा निश्चित - कल नहीं,अभी और अभी ।

प्रतिघात कर अहंकार की हर दीवार पर,
उठा “हम” का झंडा- खदेड़ दे! पापी अहंकार को।

प्रस्तुति:-
प्रभात

क्या मैं बूढ़ा हो रहा हूँ?

वक्त पूछती ढेरों सवाल,
दुविधा में पड़ा हूँ मैं,
झुर्रियाँ पड़ गयी, आँखें कमजोर
उठ जाता मेरे उम्र पे लाखों सवाल,
पर जवाब तो कुछ न दे पाता,
क्या मैं बूढ़ा हो रहा हूँ?

तर्क वितर्क में ढूंढता रहा,
संस्कारों का वृक्ष, अनुभवों के दक्ष,
मार्गदर्शक, पथदर्शक फिर भी,
समय छलाकर, पूछ बैठता तुम बूढ़े हो चले,
क्या मैं बूढ़ा हो रहा हूँ?

झुर्रियाँ तो पड़ रही, सुन्दरता पर खड़ा प्रश्न
परिपक्वता से विराम नहीं,
दबे-दबे पांवों से आयी,
आवाज में सिलवटें, निगाहों में शिकन,
जवानी भी थरथरा उठी, पर समझ न पाया,
क्या मैं बूढ़ा हो रहा हूँ?

कमर झुकती जा रही,
कंधे मुड़ती जा रही,
चलता हूँ अब धीरे-धीरे,
निगाहें हो चली नीची,
आवाजें भी हो गयी फीकी,
फिर भी! क्या मैं बूढ़ा हो रहा हूँ?

आधुनिक सभ्यता ने कहीं का ना रखा,
अनुभव की गरीबी बने बुजुर्ग,
घर के कोने में जर्जर कुर्सी की तरह,
कबाड़ी की नजर भी तिरस्कृत होती,
कम से कम पैसों में खरीदने की चाहत रहती,
क्या मैं बूढ़ा हो रहा हूँ?

घबड़ा तो सभी जाते बुढ़ापे से,
पर पता कहाँ इस अमूल्य धरोहर की,
अनुभवों का पिटारा लिये,
सभी का जीवन दान बने,
फिर भी! क्या मैं बूढ़ा हो रहा हूँ?

प्रस्तुति:- प्रभात

आप हैं तो सब कुछ है!

वो रात अब भी दिल में जलती है,
जब ज़िन्दगी और मौत के बीच एक डोर थी,
आपकी साँसें मशीनों से बँधी थी,
और मेरी दुआएँ आसमान से जुड़ी थी ।

हर बीप की आवाज़ सीने को चीरती थी,
हर आँसू में डर की लकीर थी,
मैं बस निहारे जा रहा था आपको-
नींद में डुबे, पर ज़िन्दा रहने की जंग लड़ते हुए।

बाबूजी... उस पल मैंने ख़ुद को खो दिया था,
आपके बिना ज़िंदगी का मतलब ही मिट चुका था,
हाथ जोड़कर बहुत रोया था मैं-
कि आप फिर से "बेटा"कह बुलायें एक बार।

थक गया था तन,पर मन न हारा कभी,

हर कोशिश में था एक सहारा,

आपके नाम की लड़ी जपता रहा-

कि आप लौट आए, मेरी दुनिया फिर से सजे।

तभी आपकी उँगली हिली,

लगा चाँद भी खिलखिला उठा,

आपके पलकें खुलते ही,

मेरी आँसुओं ने सीख लिया मुस्कुराना ।

आपके लौटने से,लौट आया मेरा संसार,

घर की पुरानी दीवारें, हँसी से भर आयी,

आपकी आवाज़ ने जीवन को छुआ,

जैसे सूखी धरती पर गिरी हो पहली बारिश।

आपके बिना कुछ नहीं , बाबूजी,

आप हैं तो घर है, रोशनी है, है जीवन,

आपकी मौजूदगी ही, है सबसे बड़ा वरदान,

आपकी मुस्कान ही मेरी पहचान।

कहते हैं,चमत्कार वक़्त करता,

पर मैंने देखा-

चमत्कार किया आपके प्यार ने,

और मेरी दुआएँ ने सुना ।

बाबूजी!आप हैं तो सब कुछ है,

आपके बिना कुछ भी नहीं है।

प्रस्तुति:-
प्रभात

(An emotional poem written in hospital waiting room ,when my father (Babujee)was in ICU on a ventilator and I managed to get him back in our warm folds again despite innumerable constraints)

पिता का पुत्र को संदेश

फरिश्ता बन आये तुम,

खुशियों का खजाना लाये,

अरमानें तो बहुत, पर सिमट कर रह गयी

भारी स्कूली बस्तों में।

होता बस में, तो कर देता,

दुनिया सारी तेरे नाम,

तोड़ लाता चाँद और तारे,

बस है क्या, दुआओं के सिवा मेरे पास,

कमी न होने दूँगा इसका, कर विश्वास।

तुम्हारी मासूमियत, शरारतें, बेखौफ इरादे

कंधों पर चढ़ना, बाजुओं में सिमटना,

पता नहीं अब क्यों नहीं होता ये सब,

शायद तुम अब हो गये बड़े,
पर याद रखो, रहोगे तुम सिमित,
पापा का "मुन्ना" बनके ही, चाहे,
गगन चुम्बी पदोन्नति क्यों ना पाओ तुम।

सब कुछ हासिल करना आसान नहीं,
जीवन एक संघर्ष है, इसमें कभी विश्राम नहीं,
कुछ पाना है, तो कुछ खोना अवश्य है,
राह इतना सरल नहीं, पर ठान ले एक बार,
मुश्किल कुछ भी नहीं, तुम्हारे सपनों से बाहर।

अंधेरा है, तो सुनहरा सुबह जरूर आयेगा,
आंधी तूफान है तो सुहाना मौसम भी आयेगा,
संजोग रख सिर्फ अपने धैर्य को,
सफलता तो चूमेगी तुम्हारे कदमों को।

सुस्ता है वही, जिसने खेल रचायी,
विश्वास कर, उठ निर्णय कर अपनी जीत,
छोटे-छोटे विघ्नों को दे ललकार,
बस भर ले उड़ान, अपने गन्तव्य की ओर।

तुम्हारी खुशियों में ही रची हमारी खुशी,
याद रखना, हमेशा हमारी फरियादें,
सुख दुख तो एक ही सिक्के के दो पहलू,
बस! बढ़ता चल सफलता के सोपान पर,
बस! बढ़ता चल सफलता के सोपान पर।

प्रस्तुति:-
प्रभात

वट सावित्रीः - अनन्या की मौन तपस्या!

वट वृक्ष के नीचे, थी "अनन्या" की आँखें थी नम,
भाव विभोर, पर होंठों पर मन्त्र कम,
माथे पर सिंदूर, बनी आत्मा की पहचान ,
"परिमल" बना, उसकी हर धड़कनों का भगवान ।

थाली में तो,दीप की ज्योति ,
पर हर साँस बन चीख रही हो,
"परिमल",को दे लम्बी उम्र का वरदान,
यही हमारे जीवन की पहचान ।

भर दे मेरी,झोली में सारा अपमान,
पर कर उसे सुख ,वैभव ,ख़ुशियों से माला माल,
उसकी साँसों की डोर को जकड़,
कर लूँगी ,अपने प्रेम से उसे उम्र क़ैद।

"अनन्या"! कर रही वट वृक्ष के नीचे तपस्या,
मग्न, पर व्याकुल ,मानो कर रही युद्ध भगवान से,
समय , मृत्यु - हर बुरी नज़र से,
"परिमल"को बचाने की आह्वान!

आज वट वृक्ष भी शायद सरमा गया होगा,

उस प्रेम के आगे झुक गया होगा,

“अनन्या” सिर्फ़ एक नाम में सिमट डाला-

“परिमल “ है तो सब कुछ मुमकिन है,

“परिमल “.......

कुछ सकुचाते बोल पड़ा - “अनन्या,”

प्रार्थनाओं की इस दौड़ में पिछड़ न जाऊँ कभी,

तुम्हारे माँग की सिन्दूर पर न कोई आँच आये,

यही मेरी भी तपस्या की है सारा निसार।

ना दौलत चाहिए,ना शोहरत चाहिए,

बस!अर्ज़ी इतनी, सिर्फ़ एक दूसरे का साथ चाहिए ।

प्रस्तुति:-
प्रभात

मुझसे मेरा मिलन!

तलाश थी मुझे,मुझसे मिलन की,

बेचैन था , पर समाधान से था दूर,

आईना देखा,तो चेहरा ज़रूर मेरा,

पर,ज़िन्दगी की भीड़ में, मची थी अफ़रातफ़री,

मैं ख़ुद से बहुत दूर खींच चुका था ।

ख़्वाब थे बहुत, मगर बोझ बने सारे,

रिश्ते थे अपने, मगर वक़्त पर गुमशुदा हुए सारे,

हर किसी को पाने, भागते रहे हम,

मगर दिल की धड़कन से दूर होते रहे हम।

सबको ख़ुश करने में,मिटा ख़ुशियाँ अपनी,

हर रिश्ते की आग में झुलसते रहे हम,

भीतर की आवाज़ बेआबरू हो भटकती रही,

और मैं फिर बन गया खामोशी की बंधक।

जब रहा पड़ा ख़ामोशी के गिरफ़्त में ,
तो एक दिन भीतर से कोई फुसफुसाया-
तू ढूढ़ रहा दुनिया में जिसे,
वो रहा तेरे भीतर छुपा बैठा ।

आँसू बहाये, मुस्कान भी खिली,
मन का बोझ हुआ अचानक हल्का,
समझा, बड़ा सफ़र बाहर नहीं,
जब ख़ुद के भीतर जाना हुआ ।

ख़ुद से भाग कर जाता कहाँ ,
हर मोड़ पर ख़ुद को ही पाता,
सच्चा मिलन तो बाहर नहीं ,
भीतर का दरवाज़ा खुलते मिल गये राज ।

न मन्दिर, न मस्जिद,न तीर्थ का मिले सहारा,
दिल के भीतर दीप जला, ख़ुद से ख़ुद को पाऊँ सदा।

Note: Authors insight deep looking

प्रस्तुति:-
प्रभात

बाबूजी - उठो चलो मेरे साथ!

ICU की हर खामोशी में,
साँसों की हर उतार चढ़ाव ,
एक तीर सा चुभ रहा है,
बाबूजी... आपकी धड़कनों की आहट,
मेरी उम्मीदों का आख़िरी सहारा बन जाती,
उठो ना! उठो ना! क्यों नाराज़ हो ?

मैंने आपको तीन बार मौत के जबड़ों से खींचा,
हर बार रोते-रोते, टूटते-टूटते वापस थाम लिया,
मुझे पता है, आप उन हारने वालों में से नहीं,
विश्वास सफल हो जाऊँगा, और फिर सफल हो जाऊँगा।

क्यों रूठ गये आप हमसे,
क्यों इतनी ख़ामोशी ओढ़ ली आपने,
बाबूजी .. नाराज़गी निभाई जाती है,
यों बीच में सफ़र छोड़कर नहीं जाते।

बाबूजी..........

आप सिर्फ़ मेरे पिता नहीं,

मेरी साहस, मेरी रीढ़ की हड्डी,

ICU की खामोशी से मुझे एहसास हुआ,

आपके बिना मैं कुछ भी नहीं,

मैं आपको हर दिन,हर साँस में चाहूँगा,

आपके जाने का डर मुझे मज़बूत किया है,

क्योंकि अब मेरी हर धड़कन,

आपको सँभलाने के लिए चलती है,

इस तरह! कभी छोड़कर ना जाना मुझे ।

इस तरह! कभी छोड़कर ना जाना मुझे ।

प्रस्तुति:-
प्रभात

(This is a poem expressing my concern for my father.

Trying my best since last three months. May send some negative vibes, but what is important is the blessings & the positive vibes following with your tremendous support)

ख़ामोश दीवारें!

इन दीवारों ने सब कुछ देखा ,

कभी हँसी की गूंज,कभी रोने की सिसकी,

कभी नई ज़िंदगी की खिल खिलाहट,

कभी बिखरते कदमों की धीमी आहट।

इस पर टंगी तस्वीरों से ज़्यादा,

बसता एक इतिहास, रिश्ता और अपनापन,

कभी किसी तस्वीर को उतारते,

भींग गयी आँखें- पर यादें ठहर गयी ।

हर कील जहाँ ठोंकी गई थी,

वहाँ किसी उम्मीद ने जगह बना ली थी,

माँ की ममता की खूशबू अब भी रंग में घुली थी,

और पापा की थकान इस पलस्तर में मिली है ।

आज घर नया है, रंग नया है,

हर दीवार कहती - मैं अब भी वही पुरानी हूँ,

है मेरे दरारों में ,बीते वक़्त की धड़कन,

मेरे रंगों में परिवार की

जब रात में होता है सन्नाटा,

तो ये दीवारें अब भी फुसफुसाती,

यह घर अब भी उन सबका है,

जो यहाँ कभी हँसे, जिये और याद बन गए ।

प्रस्तुति:-
प्रभात

स्वार्थ को दे पूर्ण विराम

स्वार्थ है, इसे दूर रख, दूर रख,
यह बुजदिलों की झनकार है,
स्वाभिमान पर आगाज है,
मनुष्यता पर आघात है,
स्वार्थ को दे पूर्ण विराम॥

बेवश हर, लाचार है,
शीलता पर कठोर प्रहार है,
मानवता की अभिशाप है,
लुभावन हैं पर कपटपूर्ण है,
स्वार्थ को दे पूर्ण विराम॥

इठलाती, बलखाती, नयी नवेली देवरानी की तरह,
सतत मनुष्य को फुसलाती
लोभ प्रलोभन देकर,
करती निष्क्रिय मानवता को
स्वार्थ को दे पूर्ण विराम॥

प्रसाद दोस्तों की ये सौतन,
इतिहास गवाही इसकी क्रूरता को
परिवारों को छिन्न-भिन्न किया,
अरमानों पर किया प्रतिघात,
स्वार्थ को दे पूर्ण विराम॥

ऐ सभ्यता के पहरेदारो!
न प्रवेश करने दे इसके अथक प्रयासों को,
विचलित न कर, न कर भावुक मनुष्य को,
जरा सुकून चैन की जिन्दगी जीने दे,
स्वार्थ को दे पूर्ण विराम॥

हे मानव! जरा सुन! और आगोश में ना जा इसके
इस पापी, विरोधी और क्रूर को रख दूर,
मन में विदित अन्तर्द्वंद्व को विराम दे,
स्वार्थ को दे पूर्ण विराम॥

खामख्वाह खुद में लड़ने की जरूरत नहीं,
बात कुछ ईश्वर पर छोड़ दे,
जो मिल गया उसी में रह खुश,
जिन्दगी की बकझक से दूर हो,
रास्ते की सुन्दरता का लुफ्त उठा,
स्वार्थ को दे पूर्ण विराम॥

विश्वास

अटल विश्वास ढूंढता रहा,
आखिर कहाँ खो गया वो विश्वास मेरा,
क्यों ओझल हो रही नयनों से,
अमूक रह सिर्फ झाँकते रहे,
कहाँ ढल गया वह विश्वास हमारा!

माता, पिता, भाई, बहन का रिश्ता संजोया,
विश्वास की लड़ी में सबको पिरोया,
पिता, पुत्र, पति, पत्नी का अटूट विश्वास,
आखिर कहाँ विलुप्त हुआ वह विश्वास हमारा!

विश्वास बनी सबों का सहारा,
पूर्वजों से मिली विरासत में,
चर अचर सभी इसके गुलाम,
संसार टिकी इसके कंधों पर,
चन्द मतलबियों ने किया इसका तिरस्कार,
पता नहीं कहाँ खो बैठे इस अमूल्य हीरे को!

जख्मी बैठी लहूलुहान हो गिरी धरातल पर,
चरमरा उठी विश्वास की डोरी,
जकर दी निबें, कत्ल हुआ इसका स्वाभिमान,
धोखाधड़ी की हुई ताजपोशी,
वाह वाही लूटे सारे बेईमान!

विश्वास अंधा जरूर पर,
निर्मल, परिमल और आस्था की पहचान,
सभी ठहरे इसके मेहमान,
टिक नहीं सकती अहंकार इसके सामने,
चाहे निष्क्रिय हो जाय इसका प्राण!

www.ingramcontent.com/pod-product-compliance
Lightning Source LLC
LaVergne TN
LVHW091519200926
848483LV00002B/258
* 9 7 9 8 9 0 5 1 0 4 0 2 2 *